나는
고객 성공 매니저로
성공할래!

나는 고객 성공 매니저로 성공할래!

황주현 지음

좋은땅

• 고객 성공 매니저(CSM)가 되기까지

어린 시절 나는 텔레비전에 눈을 뗄 줄 모르는 아이였다. 하루 종일 만화와 영화를 봤고, 어머니가 부르는 소리도 못 들을 정도였다. 어머니는 어릴 적 이모와 함께 작은 비디오 대여점을 운영하셨다. 그 가게 안쪽 작은 방에서 나와 언니, 친척 언니는 항상 같이 있었다. 우리는 〈캐스퍼〉, 〈핑구〉, 〈패트와 매트〉, 〈란마〉 등의 만화와 영화를 매일 보면서 시간을 보냈고, 이 습관은 영어를 쉽고 부담 없이 익힐 수 있는 계기가 되었다. 잠시 말레이시아에서 국제 학교를 다녔을 때, 그 당시 디즈니 채널에서 저녁 7시마다 영화를 방영했다. 이때 방영하는 영화를 챙겨 보면서 영어에 더욱 친숙해질 수 있었다.

이후 한국으로 돌아와서 남들과 다를 바 없는 평범한 학교생활을 했다. 다른 학생들처럼 고2 때까지 국어, 영어, 수학 학원을 다녔다. 그러다가 고등학교 3학년 1학기 때 토익 성적과 면접으로 대학에 진학할 수 있는 수시전형을 알게 되었다. 당시 영어가 성적이 가장 잘 나오는 과목이었기 때문에 시간이 촉박했지만 노력 끝에 두 차례의 시험으로 고득점을 얻을 수 있었고 대학 입학의 문턱을 넘을 수 있었다.

　대학에서 전공은 법학, 부전공은 관광경영학이었다. 성격이나 관심 분야는 관광 서비스업 쪽에 더 가까웠으나 여러 가지 요소를 고려해 부전공으로 우회하여 선택했다. 대학 생활을 하며 다양한 경험을 위해 여러 활동을 했으며 그중 하나는 교환학생들이 학교에 적응할 수 있도록 도와주는 교내 버디 프로그램 봉사활동이었다. 그때 나에게 배정된 학생은 대만 국적 친구였는데, 실제로 정말 친절했고 한국어도 매우 능했다. 이 친구로 인해 대만에 좋은 이미지를 갖게 되었고, 대만이라는 나라에 관심이 생기기 시작했다.

　그다음 학기에는 내가 교환학생이 될 준비를 했다. 영어는 이미 편하게 구사할 수 있는 실력이었기에 영어권보다는 중화권으로, 그중 내가 더 익숙하다고 느끼는 대만으로 지원하게 되었다. 중국어를 잘 못하는 상태였지만, 지원 동기에 버디 프로그램의 경험을 잘 어필하여 서류와 면접에 합격할 수 있었다.

　그러나 대만 학교에서 첫 수업을 듣는 순간 멘붕에 빠졌다. 대만으로 떠나기 전 2개월간 중국어학원을 다녔기 때문에 기초반 언어 수업을 듣는 데 무리가 없을 것이라고 생각했지만, 실상은 달랐다. 현지 학교에서 교환학생을 대상으로 하는 언어 수업은 외국인들의 중국어 실력을 구분하지 않고 한 강의실에서 이루어졌다. 중국어 문학 전공자, 중국어 공부 N년 차 학생, 그리고 '중국어 공부 2개월 차'인 내가 동일한 수업을 듣게 되었다. 당연히 교수님이 무슨 말씀을 하시는지, 과제는 무엇인지 전혀 알아들을 수가 없었다.

한 학기가 끝났을 때, 중국어를 덜 익힌 상태로 한국으로 돌아가는 게 아쉬워서 대만에 머무를 수 있는 방법을 찾기 시작했다. 고민 끝에 대만 내 구직 사이트에서 '한국인'과 '영어'라는 키워드로 검색되는 회사에 무작정 이력서를 보내기 시작했다. 그러던 중, 독일의 IT 소프트웨어 서비스 회사에 면접 기회를 얻게 되었다. 그 회사는 대만 타이베이에 첫 번째 아시아 지사를 연 스타트업 회사로, 다행히 모든 커뮤니케이션은 영어로 이루어졌다. 면접 합격 후, 한국에서 워킹홀리데이 비자를 받아 오전에는 대학교 어학당에서 중국어를 배우고, 오후에는 회사에서 인턴으로 근무하기 시작했다.

당시 하루 4시간을 근무했고 그때 내 직함은 '프로젝트 매니저 어시스턴트(Assistant Project Manager)'였다. 그런데 입사하고 얼마 지나지 않아 한국에 지사가 있는 주요 클라이언트들이 내가 근무하던 회사의 서비스를 도입하고자 하는 상황이 벌어졌다. 인턴임에도 불구하고 한국 고객들을 담당하게 됐고, 매니저님의 업무를 보고 배우며 관련 프로젝트를 한국어로 진행하게 되었다.

시간이 지나면서 한국 고객사를 전담하게 되었고, 더불어 APAC(Asia

Pacific region) 국가들의 신규 고객 프로젝트를 추가로 담당하게 되면서 업무 범위가 확대되었다. 그로부터 6개월 뒤 정규직으로 전환되었고, '고객 성공 매니저(Customer Success Manager)'로 직함이 변경되면서 내 직책은 '주니어 고객 성공 매니저'가 되었다.

　이때부터 고객 성공 매니저로서의 여정이 시작되었고 현재 나는 만 5년 차, 고객 성공 매니저다.

나는 고객 성공 매니저로 성공할래!

● 책을 쓰게 된 계기

"안녕하세요, 지사장님. 저희 고객 성공 매니저 공고 건, 사람들 지원 많이 했나요?"

"아, 주현 씨, 아직 적합한 사람을 찾지 못했어요. 현재 지원자는 100명이 넘는데, 대부분 CSM 직무를 정확히 모르고 지원한 것 같아요. 특히 코로나 때문에 관광업계 취업이 안 되다 보니, 직무 명만 보고 단순 서비스 업무로 오해하고 지원한 경우도 많아서요. 좋은 소식 있으면 다시 알려 드릴게요."

2018년, 주니어 고객 성공 매니저로 근무하다가, 대학 졸업을 위해 한국으로 돌아왔다. 한국에 돌아와서도 회사 측의 배려로 입사 시 지급된 노트북을 통해 재택근무로 업무를 이어 갔다. 대학 졸업 후 다시 대만 지사로 돌아가기 위해 취업 비자까지 준비했지만, 졸업식까지 취소될 정도로 코로나가 성행해 홀로 타지에서 근무하기 어려운 상황이 되었다. 마침 대만의 AI 기반 마케팅 솔루션 회사의 인사 팀에서 Linked In을 통해 한국 지사의 CSM(Customer Success Manager, 고객 성공 매니저)로 포지션을 제안해 왔고 여러 차례의 면접을 거쳐 결국 입사하게 되었다.

그러나 내가 입사했던 시기에 CSM 포지션이었던 3명의 직원이 모두 퇴사했고 처음부터 3명의 업무량을 소화해야 했다. 앞의 대화는 업무량이 많아 CSM 포지션의 추가 인력 채용의 진행 상황을 묻는 대화다.

문의하면서 알게 된 것은 CSM 직무가 국내에서는 이제 막 생겨나는 직업일 뿐만 아니라 충분히 알려지지 않았다는 점이다. 생각해 보니 부모님, 친구들, 심지어 회사의 클라이언트들도 CSM의 업무에 관해 묻는 경우가 많았고, CSM 직무의 설명이 포함된 채용 공고를 본 지원자들도 CSM 직무에 대한 이해도가 낮다는 것을 깨달았다.

이후, 회사에 채용된 CSM 직무의 포지션의 경우, 다양한 백그라운드를 가지고 다른 일을 하다가 CSM으로 직무 전환한 케이스가 많았다. 그렇다 보니 다른 CSM들과 대화하다 보면 생긴 지 얼마 안 된 이 신생 직군에 어떻게 벌써 5년의 경력을 쌓을 수 있었는지 신기해하는 반응이 대부분이었다.

나는 더 많은 CSM이 양성되길 바란다. 지금까지도 네이버에 고객 성공 매니저를 검색했을 때 찾을 수 있는 정보가 매우 적다. 어쩌다 관련 글을 발견하더라도 직무에 대한 대략적인 소개일 뿐, 업무에 대한 자세한 경험이나 구체적인 설명이 거의 없다. 곰곰이 이유를 생각해 보니, 기업의 경우, CSM이 필요한 '이유'를 잘 알지 못하고, CSM의 포지션을 수행하는 사람들조차도 직무 자체의 가치를 제대로 파악하기보다 기계적인 고객지원 업무만 수행하고 있다는 사실을 깨달았다.

물론 현재는 국내에도 CSM이 2—3년 전보다는 많아졌지만, 이 책에서 CSM 직무의 이해를 돕기 위한 구체적인 설명과 직무와 관련된 경험, 정보를 소개하려고 한다. 갓 CSM 직무를 시작한 사람들에게, 아직 진로를 정하지 못한 청소년이나 취준생들에게 많이 도움이 되기를 바란다.

이 책의 목적은 정보 전달뿐 아니라 CSM 직군 자체를 널리 알리는 것에 있다. 아마 이미 CSM으로 근무하고 있을 경우, 어떤 부분은 이미 알고 있는 내용일 수도 있고, 다른 의견을 가지고 있을 수도 있다. 이 책을 읽고 떠오르는 의문이나 피드백이 있다면 자유롭게 Linked In으로 연락해 주시길 바란다.

이 책을 통해 CSM 직무에 대해 더 깊게 이해하고 도움이 되길 바라며 국내 CSM들이 더 많이 발굴되어 서로 소통하고 배우는 기회가 마련되길 바란다.

목차

프롤로그

고객 성공 매니저(CSM)가 되기까지   005

책을 쓰게 된 계기   009

1부   CSM의 소개와 기본 역할

1. CSM이란?   016

2. 기본이 되는 CSM의 3가지 역할   021

3. CSM 채용 공고 살펴보기!   024

4. CSM에게 필요한 역량   030

5. CSM의 소프트 스킬을 활용한 면접 준비 Tip!   040

6. CSM을 추천하는 이유   046

2부   CSM의 업무 관련

1. 회사에서 CSM 팀을 운영하는 이유   050

2. CSM 팀장의 역할   054

3. CSM의 주요 업무   059

4. CSM이라면 해 보기!   062

3부 CSM과 다른 부서와의 관계

1. CSM과 Customer support의 차이점   068
2. CSM과 Sales의 차이점과 갈등 상황   071
3. CSM과 PM(Product Manager)의 갈등 상황   077
4. CSM과 마케팅 팀의 협업   081
5. CSM 조직 내에서의 협업   083

4부 고객관리

1. 고객들의 이탈 사유   088
2. CSM은 고객 전문가   095
3. CSM은 프로젝트 매니저   099
4. 고객 컴플레인에 대처하는 법   105
5. 고객 헬스 체크 방법   109
6. CSM, 이 다섯 가지에 주의하자!   114

에필로그
글을 마치며   119

CSM의 소개와 기본 역할

1. CSM이란?

고객 성공 매니저, Customer Success Manager(CSM).

보통 '고객 성공' 또는 '고객 성공 매니저'라는 단어를 들으면 흔히 B2C (Business to Consumer, 기업 대 소비자)와 관련된 개념이 연상된다. B2C의 경우, 기업에서 고객의 의견을 중심으로, 고객을 최우선으로 한다는 개념이다. 그래서인지, 고객 성공 매니저라고 하면 대부분의 사람들이 고객 서비스 업무를 한다고 생각한다.

그러나 B2B(Business To Business, 기업 대 기업)에서 말하는 '고객 성공' 업무란 B2C에서의 고객 서비스 업무와 다르다. 고객 성공 매니저가 어떤 업무를 하는지 설명하기에 앞서 기업들이 왜 '고객 성공 팀'이 필요해졌는지, 그 배경을 먼저 살펴보자.

지난 몇 년 동안, 대부분의 B2B 소프트웨어 기업들은 구독형 서비스 비즈니스 모델로 전환하기 시작했다. 이들은 주로 서비스의 한 형태로 소프트웨어를 판매하기 때문에 SaaS(Software—as—a—Service) 기업이라고 하며, 바로 이 SaaS 기업들이 고객 성공 팀을 필요로 한다.

　구독형 서비스란 무엇일까? 대표적인 예로 B2C 구독 서비스인 '밀리의 서재'가 있다. 일반적으로 원하는 책을 읽기 위해서는 서점에 가야 한다. 책을 사면, 책을 보관할 공간과 수납할 선반도 필요하고 시력이 좋지 않은 경우, 돋보기안경이 필요할 수도 있다. 그러나 '밀리의 서재'는 앱 기반 전자책 구독 서비스로 언제 어디서든 휴대폰만 있다면 원하는 책을 읽을 수 있다. 이 서비스를 이용하면 장소와 수납공간 등이 필요하지 않다. 글자 크기를 조절할 수 있고, 책갈피가 필요하지도 않다. 이 모든 것을 월 9,900원의 서비스 구독료만 지불하면 누릴 수 있다.

　B2B 소프트웨어 회사 또한 비슷한 변화를 겪고 있다. 고객사들은 하드웨어와 소프트웨어를 구매하지 않고 '소프트웨어 솔루션 서비스 패키지' 형태로 구매하여 사용한다. 매달 구독료만 지불하면 기업이 제공하는 솔루션(SaaS 회사의 제품)을 활용할 수 있다. 이것이 바로 서비스형 소프트웨어, SaaS의 개념이다.

　B2B 소프트웨어 기업들이 구독형 서비스 모델을 채택함으로써 가장 크게 바뀐 것은 무엇일까? 바로 고객사가 언제든지 자유로운 의사결정을 내릴 수 있다는 것이다. 고객사가 구매한 솔루션이 마음에 들지 않아도 구입했던 소프트웨어와 하드웨어를 어쩔 수 없이 계속 사용해야 했던 이전과 달리, 이제는 바로 구독을 중지할 수 있다. 공급업체가 일

반 기업들에게 유일무이한 독점 제품을 판매하는 것이 아닌 이상, '구독형 서비스 모델'은 고객사를 소위 말해 갑으로 만들었다.

따라서 SaaS 회사들은 고객들이 구독을 유지하도록 하기 위해 고객 성공 관리—Customer Success Management(CSM) 팀이 필요해졌다. 고객이 제품(=솔루션)을 활용해 목표 달성에 성공할 수 있도록 도우면 구독이 유지되고 성공적인 비즈니스가 이루어질 수 있으므로 그 결과, CSM 팀을 꾸리기 시작했다.

누군가는 "신규 고객을 유치하는 데 더 많이 힘써야 하는 것 아닌가? 잡힌 물고기에게는 먹이를 주지 않는 법이라고, 왜 우리가 신규 고객 유치에 쓸 수 있는 인력과 비용을 CSM 팀을 만들어 이미 구독한 고객들에게 계속 신경을 써야 하지?"라는 의문이 들 수 있다. 그 이유는, 비용적 측면으로 봤을 때, 기존 고객의 구독 유지를 위한 전략이 신규 고객 유치 전략보다 훨씬 효율적이기 때문이다. B2B 비즈니스에서 눈에 띄지 않는 신규 고객 유치 비용은 실제로 어마어마하다.

일단 초기 잠재고객(Lead)을 확보하기 위한 초반 마케팅 작업과 그 잠재고객들을 선별하여 실제 '고객'으로 바꾸기 위해서는 긴 시간과 세일즈 팀의 노력이 들고, 여러 비용이 발생한다. 또, 각 고객들의 상황에 맞게 솔루션을 구성하거나 그 관련한 서포트 부담은 상당하다. 따라서 SaaS 제품마다 상이하겠지만 초기 투자 비용을 회수하려면, 적어도 고객이 2년 이상 구독을 유지해야 수지 타산이 맞다.

이렇다 보니 SaaS 회사들은 고객이 자사 제품을 이용해 그들의 목표를 달성하고 구독을 유지할 수 있도록 돕는 고객 성공 팀을 구축했고, 이곳에 비용을 투자하기 시작했다. 기존 고객들이 계속 구독을 유지하는 충성 고객이 되면, 회사는 안정적인 수익을 얻을 수 있게 된다. 그리고 이미 한 가지 제품을 구매하여 만족한 고객들은 판매 중인 다른 제품들의 구매도 재고할 가능성이 커진다. 즉, 구독형 서비스 모델에서는 고객들이 우리 제품/솔루션을 통해 성공을 거두어야 우리 회사의 전반적인 비즈니스도 성공할 가능성이 높아진다.

B2B에서 CSM의 역할이 중요하지 않은 것처럼 보일 수도 있다. 사람들이 밀리의 서재 앱을 다운받고 바로 알아서 쓸 수 있는 것처럼, B2B의 상황에서도 고객들이 스스로 그들의 니즈에 맞춰 필요한 서비스만 알아서 구매하고, 직접 설치하고, 구성하여 관리, 사용할 수 있다면 CSM이 필요하지 않을 것이다. 하지만 대부분 이렇게 간단하지 않다. 앞서 언급한 일련의 과정에 무리가 없기 위해서는 한정된 시간과 예산에 쫓기면서 시장 및 제품의 지속적인 업데이트에 대응해야 하며, 담당자들의 배경지식 격차를 극복해야 한다. 따라서 B2B 서비스 상황에서 일어나는 이 모든 과정은 고객사의 담당자들이 외부의 도움 없이 내부적으로 처리하기가 굉장히 어렵다. 그렇기 때문에 CSM이 필요한 것이다. CSM은 고객과 회사 간의 소통의 다리 역할을 하며, 고객이 원활

하게 서비스를 이용하고 목표를 달성할 수 있도록 돕는 역할을 한다. CSM이 없다면 고객들은 제품 사용에 있어 결국 어려움에 봉착할 수밖에 없으며 시간은 시간대로 흐르고 목표치를 달성하지 못하게 된다. 그렇게 되면 서비스에 불만을 품고 구독을 중지한다. 공급업체와 고객사 모두에게 좋지 않은 결과를 불러일으키게 되는 것이다.

2. 기본이 되는 CSM의 3가지 역할

(1) Churn(고객 이탈, 구독 중지) 관리

Churn(고객 이탈, 구독 중지) 관리는 CSM에게 가장 중요한 역할이다.

CSM은 우리 고객을 '충성 고객'으로 만드는 것을 목표로 한다. 이때, 전략으로 고객 온보딩을 깔끔하고 순탄히 잘 진행하는 것이 하나의 방법이 될 수도 있다. 또, 고객사의 담당자와 라포(Rapport, 유대감)를 형성하여 그 신뢰 관계를 이용하거나 제품을 개발자 수준으로 심도 있게 이해하고 있어 관련 이슈가 발생하거나 고객이 필요한 부분이 있을 때 신속하게 처리하는 방식도 있을 것이다. CSM의 가장 중요한 역할이 고객 이탈 방지인 만큼 온갖 전략을 동원해야 한다.

물론 효과적인 Churn 관리를 위해서는 회사 내부의 도움 또한 필요하다. 회사는 CSM의 피드백을 잘 듣고 그를 바탕으로 인력 투자, 내부 프로세스 개선, 제품 퀄리티 향상 등에 투자할 수 있어야 한다. CSM이 아무리 노력해도 (1) 제품의 에러가 지속적으로 발생하거나, (2) 초기 설치 및 구성 방법이 너무 복잡해서 고객사들이 해당 프로젝트에 시간 및 리소스 추가가 더 이상 어렵다고 판단하거나, (3) 세일즈 팀이 제품 판매 시 약속한 기대치를 제품을 통해 충족하지 못할 경우 고객들은 이탈한다. CSM은 최전방에서 고객사의 의견과 요구 사항을 듣기 때문에 회사는 CSM의 피드백을 잘 수용해야 효과적인 고객 이탈 관리가 가능하다.

(2) 업셀(Up—sell)* 또는 크로스셀(Cross—sell)**의 전략을 이용한 계약 금액 증가

기존 고객들의 계약 금액을 증가시키는 것(업셀 또는 크로스셀) 혹은 그 '기회'를 포착하는 것(회사에 따라 그 후에 제품 판매 단계는 세일즈 팀에게 넘기는 구조인 경우도 있다) 또한 고객 성공 매니저(CSM)의 역할 중 하나다. 업셀 혹은 크로스셀을 통해 얻을 수 있는 총수익은 비록 신규 고객 유입으로 인한 계약 금액보다 작을 수 있지만, 신규 고객 발굴을 위한 초기 투자 비용이 들어가지 않기 때문에 비용 대비 수익의 효율성이 높다고 판단한다.

CSM은 기존 고객들에게 더 많은 가치를 제공하여, 고객들이 솔루션

---

* 업셀(Up—sell): 고객이 더 비싼 옵션으로 제품을 업그레이드함으로써 동일한 제품이나 서비스에 더 많은 비용을 지출하는 것. 그 방식으로는 사용량의 증가, 접근 권한이 있는 인원 추가, 솔루션 커스터마이제이션 등이 해당된다.
** 크로스셀(Cross—sell): 구매한 제품의 기능을 보완할 수 있는 추가 제품이나 서비스를 제공하는 것. 기존 고객이 기존 구매 제품이 아닌 회사의 또 다른 제품을 구매하는 것이 해당된다.

나는 고객 성공 매니저로 성공할래!

을 커스터마이즈하거나, 새로운 유료 기능들을 추가하게 하는 등의 전략을 모색한다.

(3) 고객 경험과 고객만족도 관리

CSM이 고객 경험과 고객만족도 관리에 신경 쓰면 구독 유지뿐 아니라, 결과적으로 세일즈에도 큰 도움이 된다. 고객 경험과 고객만족도 관리에 힘쓰면 고객사에서 긍정적인 리뷰를 남기게 되고 그 후기는 결국, 강력한 홍보 역할을 한다. 따라서 CSM은 고객과 긴밀한 관계를 유지하고, 그들의 요구 사항을 이해하며, 가능한 한 최상의 경험을 제공하도록 노력해야 한다.

3. CSM 채용 공고 살펴보기!

　국내에서도 CSM 채용 공고가 간혹 보이지만, 여전히 CSM을 구하는 회사들은 대부분 외국계 기업이다. 국내 회사에 취업할 때 잡코리아, 원티드 같은 사이트를 이용하는 것처럼, 해외/외국계 회사에 취업하려면 링크드 인(Linked In)*을 통해 채용 공고를 확인한다.

　링크드 인에서 CSM 채용 글을 확인할 수 있으며, 프로필란에 업무 경험을 꾸준히 업데이트해 놓았다면 기업의 HR 팀 또는 헤드헌팅 회사에서 그 내용을 확인하여 연락을 주기도 한다.

　지금 바로 링크드 인에 들어가서 CSM 채용 공고를 살펴보자. 이 책에선 한 마케팅 솔루션 IT 회사의 채용 공고를 예로 들 텐데, 이를 참고해 실제 채용 공고에서 CSM이 어떤 역할을 하고, 어떤 역량을 가지고 있어야 하는지 확인해 보자.

---

* 링크드 인(Linked In): 마이크로소프트사의 구인/구직을 위한 비즈니스 소셜미디어로, 여러 회사들의 채용 공고를 볼 수 있고, 내 프로필에 스펙 및 경력을 적을 수 있다. 나만의 콘텐츠를 포스팅하거나 다른 사람들과 친구를 맺을 수도 있다.

　　　　나는 고객 성공 매니저로 성공할래!

(1) 구인 포지션: Customer Success Management(고객 성공 매니저)

About the role(포지션 소개)

"We are seeking for a Customer Success Manager in Seoul, who can generate solutions from both business and technical perspectives, and successfully implement them at the customer site. He/She leads the implementation and integration of our ○○○ products into our client's environment and applications. An ideal candidate for the role will become a trusted adviser to enable clients to apply ○○○ solutions to achieve their business objectives."

"서울에서 근무할 고객 성공 매니저를 찾고 있으며, 비즈니스적 관점과 기술적 관점에서 솔루션을 개발하고 고객 사이트에서 그 솔루션을 성공적으로 구현할 수 있는 분을 찾고 있습니다. 해당 매니저는 자사의 ○○○ 제품을 고객사의 상황과 애플리케이션에 맞게 구현하고 통합하는 역할을 주도적으로 수행하게 됩니다. 이 포지션을 수행하기 위한 이상적인 지원자는 고객이 ○○○ 제품을 적용하여 비즈니스 목표를 달성할 수 있게 돕는 신뢰할 만한 조언자가 될 수 있는 사람입니다."

여기서 확인할 수 있는 내용은 고객들이 구매한 제품이나 서비스를 최대한 활용할 수 있도록 지원하는 것이 CSM의 역할이라는 것이다. 그로 인해 CSM은 고객이 구매 제품을 통해 최대한의 가치를 얻고, 목표를 달성할 수 있도록 돕는 데 핵심적인 역할을 해야 한다는 것을 알 수 있다.

Task of the role(CSM의 주요 역할)

"Assist clients to expand their usage and adoption of ○○○ solution."

"고객이 ○○○ 솔루션의 사용 및 활용을 확장할 수 있도록 지원."

 CSM은 누구보다 제품을 깊이 이해해야 한다. 그 지식을 바탕으로 처음 제품을 사용하는 고객들에게 어떻게, 어떤 다양한 방식으로 활용할 수 있는지 등을 안내하고 구독 기간 동안 고객이 최고의 가치를 얻을 수 있도록 지원해야 한다.

"Provide client relationship management for all assigned clients"

"할당된 모든 고객사들과의 관계관리."

 CSM은 고객들과 끈끈한 관계를 유지하여 회사가 고객사를 매우 중요하게 생각한다는 인상을 심어 주어야 한다.

"Provide resources to answer clients' questions, identifying needs for account customization and further implementation where applicable."

"고객의 질문에 답이 될 수 있는 리소스를 제공하고, 추가할 수 있는 커스터마이징이나 추후에 적용 가능한 구현 사항들이 필요하지는 않은지 판단."

 CSM은 고객의 니즈를 파악하고, 개선할 수 있는 기회를 찾아 지원하고 안내해야 한다.

나는 고객 성공 매니저로 성공할래!

"Perform service delivery and first line technical support for the product implementation."

"제품 구현을 위한 서비스 제공 및 1차 테크 서포트 응대."

 CSM은 제품 구현의 전 과정에 관여하는 것은 물론이고, 기술적인 질의응답과 같은 서포트를 제공하여 프로젝트를 원활히 진행할 수 있도록 도와야 한다.

"Discussing the product definition, implementation, operation and clarifying issues with the customer."

"제품의 정의, 구현, 운영을 논의하고 고객과 관련된 이슈에 대한 문제 해결책을 규명."

 CSM은 프로젝트 진행을 위해 필요한 사항을 모두 지원해야 한다.

"Assist in renewing client contract and cultivate upsell opportunities."

"고객 계약갱신 지원 및 업셀 기회 개발."

 CSM은 고객이 계속해서 자사의 솔루션 구독을 유지할 수 있도록 업셀링 또는 크로스셀링 기회를 발굴해야 한다.

"Communicate consistently with clients throughout the contract lifecycle, escalating important issues where needed."

"계약 라이프 사이클 전체에 걸쳐 고객과 지속적으로 소통하며, 필요한 경우 주요 이슈를 상급자에게 보고."

CSM은 커뮤니케이션에 빈틈이 없도록 고객과 회사의 소통 다리의
역할을 해야 한다.

"Fully understand client requests, documenting and engaging appropriate resources."

"고객의 요청을 충분히 이해하고, 적절한 리소스를 문서화하여 활용."

 CSM은 고객의 요구 사항을 잘 이해하는 것이 중요하고, 고객이 해
결하기 어려운 상황에 있을 때, 창의적인 방식으로 빠르게 문제를
해결할 수 있어야 한다.

About you_Essential(가지면 좋을 역량)

"Relevant working experience in similar function for at least 2 years or above."

"최소 2년 이상의 유사 직무 경험."

"Ability to identify requirements before the customer does and respond quickly."

"고객의 요구 사항을 앞서 인식하고 신속하게 대응할 수 있는 능력."

"Logically thinking and possess good time management abilities."

"논리적으로 사고하며 뛰어난 시간 관리 능력."

"Excellent communication skills to effectively convey technical information to both technical and non—technical audience."

"기술적인 내용을 개발 지식이 있거나 개발 지식이 충분하지 않은 대상, 모두에게 효과적으로 전달할 수 있는 우수한 커뮤니케이션 능력."

"Native or excellent oral and written communication skills in Korean and working level of communication in English."

"한국어를 구사하는 원어민이거나 스피치와 문서 작성 커뮤니케이션이 가능할 정도의 한국어 구사 실력, 그리고 영어 의사소통 능력."

"Self—motivated, team—oriented, responsible, and focused on exceeding client expectations."

"자기 주도적이고, 강한 협동심, 책임감을 가지며, 고객의 기대치를 뛰어넘는 데 중점을 두는 사람."

4. CSM에게 필요한 역량

    CSM은 등장한 지 얼마 안 된 신생 직업 중 하나다. 그러다 보니, CSM 으로 이직하려는 사람 중 CSM 직무 경험이 없는 경우가 많다. 이런 경우, 면접 시 기업은 지원자가 CSM의 업무와 역할을 충분히 이해하고 있는지, 해당 산업 경험과 지식이 충분한지를 가지고 판단하는 경우가 많다. CSM의 직무 경험이 없더라도, 다른 직무를 수행하면서 얻게 된 업계 지식으로 초반 업무 진행이 가능하기 때문이다.

    예를 들어, 해당 업계 다른 직무에서 CSM으로 이직한 경우 고객과 캐주얼하게 대화할 때 시장동향이나 새로운 업데이트 등에 대한 내용을 교류할 수 있고, 이 정보들을 통해 고객이 현재 겪고 있을 불편함이나 상황을 쉽게 이해할 수 있다. 또한 CSM은 고객의 니즈와 유스 케이스(Use Case)에 대한 이해를 기반으로 업무를 수행하기 때문에 관련 배경지식을 가지고 있는 것은 큰 도움이 된다.

    기술적 지식 또한 중요한데, 그 이유는 제품에 대한 심층적인 이해가 있어야 고객 서포트가 더욱 빠르게 이루어지기 때문이다. 내 경우, 전

나는 고객 성공 매니저로 성공할래!

자상거래 데이터 솔루션 회사에서 CSM으로 근무하며 솔루션 구현 시 필요한 웹과 앱에 대한 배경지식들이 있었다. 이직을 시도하던 회사의 제품은 이전과 완전히 성격이 다른 제품이었지만, 솔루션 구현 시 공통적으로 필요한 기술적인 측면을 설명하며 관련 지식을 어필했고, 그 결과 이직에 성공할 수 있었다.

하드 스킬에 해당하는 기술적 지식은 이 책에서 자세히 다루지 않을 것이다. 같은 CSM을 채용하더라도 어떤 제품, 서비스를 판매하느냐에 따라 필요한 스킬이나 회사의 요구 사항이 다르기 때문이다. 예를 들어, 1) 온라인 마케팅 소프트웨어 회사와 2) 에너지 데이터 현황을 다루는 소프트웨어 회사, 3) 항공사 발권 체크인 관련 소프트웨어 회사들이 CSM에게 요구하는 각 기술적 지식은 모두 다르다. 그렇기 때문에 하드 스킬에 해당되는 부분은 희망하는 회사의 지원 공고에 있는 우대 사항을 참고해서 공부하길 추천한다.

이 책에서는 모든 CSM에게 공통적으로 해당되고, CSM이라면 갖춰야 할 소프트 스킬 위주로 소개하고자 한다. CSM 직무 특성상 빠른 제품 발전 속도에 발맞추며 동시에 고객들과 강력한 관계를 구축하고 고객의 요구에 맞춰 맞춤형 솔루션 구성을 제공하기 위해서는 적어도 아래의 6가지 소프트 스킬을 필수적으로 갖춰야 한다.

(1) 공감 능력

첫째, 공감 능력이다. CSM은 고객만족도 향상 및 고객의 목표 달성을 이끌기 위해 고객과 긴밀한 관계를 유지해야 한다. 그러기 위해서는 고객의 입장에서 니즈, 목표, 우려 사항, 불편함 등에 공감하고, 적절한 리소스를 제공하는 것이 장기적인 고객 유지와 긍정적인 평판 구축에 도움이 된다.

예를 들어, 고객사의 프로젝트 담당자가 내부 개발 팀에서 개발 연동 중 어떤 에러가 발생했다며 이에 관련된 질문을 해 왔을 때, 당신은 어떻게 대처할 것인가? 상대방의 배경지식이나 고객이 처한 상황의 중요도를 고려하지 않고, 홈페이지 FAQ나 리소스 센터의 개발 가이드라인을 그대로 전달하며 알아서 하라는 태도로 답변한다면 신뢰를 쌓기 어렵다. 비록 셀프 서비스 솔루션이라 개발 가이드라인만을 전달할 수밖에 없는 상황이라도, 담당자가 이해하기 쉽게 설명하며 개발 팀에게 전달할 개발 가이드라인을 함께 제공할 수도 있다. 만약 에러가 일어난 상황이 크게 걱정하지 않아도 되는 상황이라면, 에러로 인해 발생할 수 있는 결과를 담당자에게 설명하고 개발 팀이 참고할 내용을 같이 전달한다. 고객 공감을 통한 섬세한 설명과 커뮤니케이션은 CSM과 고객사 간의 신뢰 관계를 형성할 수 있고 장기적인 고객관리에 효과적이다.

또 다른 사례로 고객이 우리 솔루션을 사용해 내부 보고 자료를 작성할 때, 특정 정보를 찾는 방법을 CSM에게 문의했다고 가정해 보자. 어디서 찾을 수 있다는 간단한 답변이나 툴 사용법 영상 링크만 전달하는 것보다, 어떤 이유 때문에 이런 질문을 하는지 파악하여 자사 제품에서 추가적으로 확인하고 이용할 수 있는 데이터를 제안하는 등, 적극적으로 답변할 수 있다. 이런 방식의 답변을 하게 되면 고객이 자사 솔루션을 적극적으로 활용할 수 있게 된다.

 CSM의 역할을 한정 짓는 태도로 업무를 하게 되면, 고객은 지금까지의 CSM의 노력을 생각하기보다, 경쟁사 제품과 자사 제품을 비교하기 시작한다. 만약, 자사 제품이 가격적으로, 기능적으로 압도적인 장점이 있지 않다면 고객은 언제든지 다른 제품으로 넘어갈 가능성이 있다.

 그래서 나는 CSM의 고객관리가 식당에서 단골 고객을 관리하는 것과 비슷하다고 생각한다. 매운 것을 싫어하는 손님에게는 덜 맵게 음식을 내준다든지, 자주 방문하는 손님에게 서비스를 주는 등의 행위 말이다. 이것들은 모두 고객의 입장을 중심으로 공감하는 태도에서 비롯된다. 단기적으로 볼 때 이런 행위들은 굳이 하지 않아도 되는 일처럼 보이지만, 결과적으로 고객사의 담당자는 우리 회사의 서포터가 되기도 한다. CSM이 고객 중심적인 서비스를 잘 제공했다면, 고객사에서 이해관계자들의 내부 보고 시 우리 서비스에 대해 긍정정인 말을 전달하는 것을 자주 볼 수 있다. 이것은 구독 유지나 업셀 기회를 잡는 것에 긍정적인 영향을 불러일으킬 수 있다.

(2) 커뮤니케이션 스킬

CSM은 고객과 연결되는 일차적 연락 창구다. 그렇기 때문에 CSM에게 커뮤니케이션 스킬은 매우 중요하다. 커뮤니케이션 능력이 뛰어난 CSM은 고객의 진짜 피드백을 수집하고, 고민 사항에 민감하게 반응하여 문제를 해결하며, 고객과 협력해 솔루션을 활용한 목표 달성에 도움을 준다.

또, CSM은 고객뿐 아니라 내부의 다양한 부서와 긴밀하게 협력해야 한다. 세일즈 팀과는 고객에 대한 정보를 교류하고, 마케팅 팀과는 성공 사례 및 고객 리뷰 공유를, 제품 개발 팀과 제품 개선 요구 사항을, 테크 서포트 팀과는 개발 이슈를 논의한다. 다양한 내부 팀과의 협력이 필수적이기 때문에 커뮤니케이션 능력은 중요할 수밖에 없다.

세일즈 팀에서 고객 서명이 마무리된 계약서 처리를 하고 난 뒤, 보통 1년 정도의 구독 계약기간 동안 CSM은 전반적인 프로젝트 진행 방향부터 지속적인 솔루션 사용을 위한 안내, 고객 사용 관리까지 담당한다. 그렇기 때문에 우선, 고객과의 커뮤니케이션을 즐겨야 하고, 고객이 어려움을 느끼고 있지는 않은지, 고객에게 필요한 내용을 어떤 방식으로 쉽게 전달할 수 있을지를 고민하는 것이 중요하다.

그뿐만 아니라, 고객이 너무 높은 기대치를 가지고 있거나 잘못된 기

나는 고객 성공 매니저로 성공할래!

대치를 가지고 있을 때, 정확하게 설명하여 현실적인 목표치를 설정하도록 유도할 수 있어야 한다. 고객의 초기 기대치가 잘못 설정돼 있을 경우, 계약기간 중 고객이 이탈할 가능성이 높기 때문에, 초기에 적절하고도 정확한 설명이 중요하다. 그래야만 추후 계약갱신에 문제가 없다.

마지막으로 고객이 제품 또는 서비스를 사용하면서 심각한 문제가 발생했을 때도 커뮤니케이션 스킬이 필수적이다. 해당 이슈를 어떻게 내부 임원들에게 보고할 것인지, 또 어떤 톤 앤 매너로 고객에게 상황을 전달하고 그 문제를 해결할 것인지도 고려해야 하기 때문이다.

(3) 시간 관리 능력

CSM은 다양한 업무처리뿐 아니라 여러 고객사를 동시에 관리하기 때문에 우선순위를 설정하고 계획적으로 업무를 수행하는 시간 관리 능력이 중요하다.

우선 CSM은 할당된 고객들의 온보딩을 포함한 프로젝트 진행 외에도 내외부 비즈니스 미팅 준비, 고객 서베이, 고객 사용량 체크, 성과 체크, 고객 확장 가능성 체크 등 고객관리를 위한 여러 업무가 있다. 특히 고객의 문의 사항의 경우, 정해진 고객 응대 시간을 준수해야 하며 신속하게 대응해 고객의 불만이 생기지 않도록 하는 것이 필요하다.

이외에도 앞서 언급한 내부 팀과의 협업이나 임원진 보고, 제품 업데이트 확인 등도 지속적으로 팔로우 업해야 하기 때문에 일을 효율적으로 처리하기 위한 시간 관리 능력은 필수적이다.

(4) 분석적 사고

CSM에게 분석적 사고 능력은 고객 헬스 체크 시 매우 중요해진다. 고객 헬스 체크란, 고객이 해당 제품을 잘 사용하고 있는지, 고객 이탈 및 솔루션 확장 가능성은 없는지 체크하는 것을 말한다. 고객 헬스 체크 방법은 다양하지만, 일반적으로 사용 패턴, 고객만족도 점수, 참여 및 이탈과 관련된 지표 추적을 통해 확인이 가능하며 잠재적 위험을 사전에 파악할 수 있다. 이 과정을 통해 업무의 우선순위를 설정하거나 자원을 효과적으로 할당해야 한다.

단순히 눈치나 감으로 고객의 이탈 가능성을 판단하는 것이 아니라. 물론 CSM의 직감 또한 중요한 역할을 하기도 하지만, 더 정확히는 앞서 언급한 정기적인 고객 헬스 체크를 기준으로 판단한다. 또, 어떤 원인이 고객을 이탈하게 할 것인지, 현 상황에서 고객에게 필요한 내용은 무엇인지 확인해 자사의 다른 제품을 소개하거나 업셀 기회로 활용할 수도 있다.

현재 상장한 회사에 속해 있을 경우, CSM의 고객 헬스 상태 보고는

나는 고객 성공 매니저로 성공할래!

더욱 중요하다. 상장한 회사의 경우, IR(Investor Relations, 주식 및 투자자들을 대상으로 실시하는 홍보활동)을 위한 프레젠테이션 자료와 분기별 연간 재정 상황 보고(Financial report)를 정기적으로 수행한다. 구독형 서비스를 채택하고 있는 회사에서 고객의 갑작스러운 이탈(Churn, 구독 중지)은 회사의 재정 상태에 직접적으로 영향을 끼치기 때문에 IT 소프트웨어 회사의 임원들은 CSM의 보고를 주시한다.

분석적 사고가 필요한 이유는 고객에게 심각한 이슈가 발생하거나 고객의 이탈이 감지되었을 때, 무엇을 제안해야 고객의 구독을 유지시킬 수 있을지에 대한 아이디어를 떠올릴 수 있다. 또 고객에게 제안하고 싶은 사항이 있다면, 과거 고객의 불평, 고객의 목표 등을 근거로 임원진을 설득하고 승인받아야 한다. 따라서 분석적 사고는 고객관리 및 비즈니스 성과 향상에 있어서 매우 중요하다.

(5) 문제 해결 능력

고객이 문제를 제기할 때, CSM은 관련된 내부 팀과 문제 상황을 공유하고 협업을 통해 문제의 원인을 찾아 효과적으로 대안을 제시할 수 있어야 한다. 빠른 문제 해결은 고객에게 신뢰를 얻을 수 있고 고객과의 장기적인 관계 유지에 큰 도움이 된다.

나의 경우를 예로 들자면, 고객이 어떤 문제를 제기했을 때 서포트 팀이 관련 티켓*을 처리할 때까지 기다리는 것이 아니라 티켓 히스토리 들을 체크해 비슷한 문제가 들어왔던 적은 없었는지, 있다면 어떤 패턴이 있는지, 가능할 만한 해결 방안은 무엇이 될지 등, 서포트 팀과 적극적으로 소통해 빠른 답변이 가능하도록 했다.

또한 개발 엔지니어들의 협조가 필요할 정도로 큰 이슈 사항은 여러 종류의 테스트 진행에 직접 참여하여 단기적, 장기적 해결 방안에 대해 토의하고, 개발 팀의 RCA(Root Cause Analysis, 사고의 근본 원인 분석) 리포트 자료를 고객에게 안내하는 등, 컴플레인을 신뢰를 얻는 기회로 바꿀 수 있도록 노력했다. 효과적인 문제 해결을 위해서 내부 팀들과의 협업 및 다양한 실험을 통한 해결책 탐구에 적극적으로 임해야 한다.

(6) 인내심

다양한 고객과 소통하다 보면 고객들의 무리한 요구나 불만 사항을 해결해야 하는 상황이 온다. 소위 말해, 진상 고객을 만날 수 있고 내 잘못이 아니어도 회사를 대신해 사과해야 하는 상황도 생긴다. 이런 상황에서의 나만의 개인적인 요령은 스스로를 CSM으로서의 '부캐'로

---

* 사내 담당 부서에 제품과 관련된 문제를 신고하거나, 새로운 기능을 요청 혹은 질문하기 위해 포털 양식에 작성하는 요청 사항을 의미한다. 보통은 CSM이 고객을 대신해 티켓을 올리고 고객에게 답변을 전달하는 방식으로 이루어지지만, 회사에 따라 고객이 직접 회사 사이트에 티켓을 끊고 답변을 받게 하는 방식을 채택한 회사도 있다.

분리하는 것이다. 그렇게 되면 상황에 압도되지 않고 인내심을 발휘하여 문제를 해결할 수 있다.

또한, CSM은 고객과의 커뮤니케이션뿐만 아니라, 내부의 다양한 팀과 커뮤니케이션이 이루어지고, 인내심은 여기에도 중요하게 작용한다. 예를 들어, 이슈 발생에 대한 원인을 빠르게 찾지 못하는 경우, 고객이 문의한 내용에 답변을 하지 못하는 상황이 생길 수 있다. CSM이 고객을 대면하는 역할을 하기 때문에 고객과의 긍정적인 관계를 유지하기 위하여 인내심을 가지고 내부 팀의 협조를 이끌어 낼 줄 알아야 한다.

5. CSM의 소프트 스킬을 활용한 면접 준비 Tip!

면접에서는 해당 직무에서 요구하는 역량을 면접자의 과거 경험에서 어떤 식으로 발휘해 문제를 해결했는지 어필하는 것이 매우 중요하다.

따라서 앞서 언급했던 CSM의 준비된 역량을 보여 줘야 한다. 직무 관련 경험이 없더라도 그 상황이라면 어떻게 행동할 것인지에 대한 답변을 준비하면 도움이 된다. 면접 질문에 정해진 정답은 없지만, 나는 CSM 직무 면접을 볼 때, 어떤 질문이 들어오든 앞서 소개한 CSM에게 필수적으로 필요한 소프트 스킬을 발휘했던 에피소드를 소개함으로써 내 경험과 성격이 CSM에 최적화되어 있다는 것을 어필했다. 그 예는 다음과 같다.

(1) 나를 뽑아야 하는 이유: 소프트 스킬 중 '공감 능력' 활용

저는 지난 5년 반 동안 CSM으로 일하며 '공감'을 잘한다는 강점을 키웠습니다. 첫 번째 회사와 두 번째 회사에서 입사 초기 몇몇 사람들은 저에게 "이 일을 하기에 아직 너무 어리지 않나."라는 우려를 표하기

나는 고객 성공 매니저로 성공할래!

도 했습니다. 하지만 저는 오히려 이 어리다는 강점을 이용해 실제 업무를 진행하는 고객사의 실무자들과 공감대를 형성하였고 그 결과 우리 회사에 대한 솔직한 피드백 및 평판 정보를 얻을 수 있었습니다. 또한 이를 통해 업셀 기회를 사전에 포착하거나 고객 이탈을 예상해 미리 적절한 조치를 취했습니다. 이에 관련해 한 POC* 프로젝트를 진행했을 때, 실무자님의 질문에 신속하게 답변했고, 매주 직접 고객사에 방문해 프로젝트 진행하는 데 이슈가 없도록 점검하며 담당자들과 탄탄한 관계를 쌓았습니다. 이 관계로 인해 고객사의 본 계약 체결 여부 전, 고객사의 최종 결정권자가 어떤 데이터를 원하고 어떤 방식의 프레젠테이션 스타일을 선호하는지 미리 정보를 수집할 수 있었습니다. 실제로 고객사의 실무자들에게 들은 조언들을 바탕으로 프로젝트를 통해 얻게 될 가치, 프로젝트 활용 계획, 진행 예상 일정 등의 내용으로 최종 리뷰 보고를 한 결과, 설득에 성공하여 POC를 본 계약으로 이끌 수 있었습니다.

(2) 성공 경험: 소프트 스킬 중 '공감 능력', '커뮤니케이션 스킬', '문제 해결 능력'

계약기간이 끝날 때쯤 시스템 장애가 발생하였으나, 오히려 추가적인 제품 구매 제안으로 원래 계약가보다 60% 높은 가격으로 업셀하여

---

* POC: Proof of Concept, 제품이나 서비스를 구매하려는 고객이 실제 유용성 및 효과를 평가하기 위해 몇 개월만 제한된 범위로 서비스를 사용해 보고, 제품 구매 여부를 결정하는 시험 기간

재계약을 성사시킨 경험이 있습니다.

그 당시 고객사는 국내 대형 소매 브랜드의 온라인 사업 팀이었고, 12월에 기존 계약 종료 예정을 앞두고 재계약 협상을 준비하고 있었습니다. 재계약 협상 준비 시기인 10월에 우리 제품을 활용한 프로젝트의 성과를 분석하던 중, 10월에 특별 프로모션을 진행하여 월간 방문자 수가 전월 대비 87% 증가하였으나, 저희 솔루션을 적용한 전환 및 CTR은 오히려 감소했다는 것을 확인했습니다. 해당 이슈 발견 즉시 저는 긴급히 본사 기술 팀에 이 문제에 대한 조사를 요청했습니다. 조사 결과, 현재 고객사가 사용하는 일반 버전 솔루션보다 더 나은 버전인 프리미엄 버전의 솔루션을 점검하던 중 휴먼 에러로 인해 일반 버전 솔루션의 모니터링 시스템이 꺼졌습니다. 이후 시스템 오류로 인해 솔루션이 제대로 작동하지 못했다는 결과가 나왔습니다.

재계약이 당장 두 달 앞으로 다가온 시점이었고 엎친 데 덮친 격으로 경쟁사 세일즈 팀에서 자사가 제안한 가격보다 솔루션 구독료를 더 저렴하게 할인해 주겠다는 공격적인 세일즈를 하던 상황이었습니다.

우선 이 상황은 아무리 좋게 설명하더라도, 무마할 수 없는 피해였기 때문에 오히려 저희 회사 상부에 이 고객사를 살릴 수 있는 아이디어를 제안했습니다.

우선 고객에게 현재 사용하고 있는 기본 버전의 솔루션 대신 프리미엄 버전의 솔루션을 제공하고 현재 제품과 추가적으로 함께 사용 가능한 디자인 편집 툴을 앞으로 두 달간 무상으로 사용할 수 있는 대안을 회사 상부에 승인 요청했습니다. 그 이유는 다음 두 가지입니다.

(1) 해당 프리미엄 버전의 솔루션은 더 높은 정확성과 안전성을 보장할 수 있다는 점을 강조하고 싶었고, 높은 버전의 솔루션을 무료로 사용 제공해서 더 좋은 성과가 나온다면 고객이 만족할 뿐만 아니라, 재계약 시 프리미엄 버전의 솔루션 도입을 고객사가 고려할 만한 좋은 기회라고 생각했습니다.

(2) 실무를 진행하는 담당자와 좋은 관계를 유지하고 있었기 때문에, 해당 담당자가 자사에서 판매하는 부가적인 디자인 툴을 사용하고자 했지만 그들의 내부 예산상의 문제로 사용하지 못하는 상황이라는 것을 파악하고 있었습니다. 따라서 이를 잠시나마 무료로 사용할 수 있게 해 준다면, 담당자가 시간의 절약이나 편리성을 직접 경험하여 내부 보고 시 추가 비용을 내고서라도 부가적인 툴을 구매해야 하는 이유를 제안할 수 있을 것이라고 믿었습니다.

결국 성공적으로 내부 임원진의 승인을 받았고 고객에게 사과의 의미로 위 두 가지 툴을 무료로 제공했습니다. 고객은 남은 기간 동안 두 가지 툴을 테스트해 본 뒤, 성과에 대해 만족하였고, 그 결과 계약갱신뿐 아니라 그 두 가지 제품을 모두 도입하기로 결정해 기존보다 60% 높은 가격으로 다음 해 서비스 구독 계약을 체결할 수 있었습니다.

(3) 실패 경험: 소프트 스킬 '문제 해결 능력' '공감 능력'

회사에 갓 입사했을 때, 잦은 CSM의 퇴사로 CSM이 여러 번 교체되었고 그로 인해 고객사가 저희 회사에 대한 신뢰를 잃은 상황이었습니다. 또한 회사에서 인력을 추가로 확충하지 않아 모든 고객이 저에게 배정된 상황이었고, 그 와중 한 고객에게 기술적인 버그가 발생했습니다. 해당 고객사의 마케팅 팀은 버그 발생으로 인한 피해가 솔루션의 1년 치 사용 비용보다 높아, 계약을 당장 해지하고 싶다는 의사를 표해 왔습니다.

그 당시 내부 임원 보고 시 현재 상황을 설명하며 고객이 해지를 원한다는 내용을 보고했는데 돌이켜 보면, 이것은 CSM으로서 무책임한 행동이었습니다. CSM이라면 이슈 발생 시 어떻게 해결할지 방법을 강구해야 하는데, 고객 이탈에 대한 조치를 취하지 않고 단순 보고만 했기 때문입니다. 매서운 피드백을 듣고 고객을 설득할 수 있는 방법을 고민해 본 뒤 다시 보고를 하라는 지시를 받았고 고객을 직접 찾아갔습니다.

제일 먼저 회사를 대신해 진심으로 사과드렸고 계약 지속 시 본사에서 전담 테크 매니저를 배치하고 추후 유사한 일이 발생하지 않도록 전적인 기술 지원을 약속하겠다고 제안했습니다. 그 결과, 한발 물러서 일단 계약기간은 유지하겠다는 의사를 표해 왔으나 다음 달 구독료 지

　　　　　　　　　나는 고객 성공 매니저로 성공할래!

급을 거절했습니다.

이 사안을 내부 임원 보고 시, 고객사의 해당 월의 구독료 면제 이유를 논리적으로 설득했습니다.

1) 우선 고객사가 제품 버그와 원인 조사 기간으로 우리 제품을 제대로 사용하지 못했다는 점.

2) 버그로 인한 손실이 우리 제품 1년 솔루션 구독 비용보다 많았다는 점. (비록 이것이 우리 쪽에서 확인이 불가능한 주장이라고 할지라도.)

3) 서비스 제공자인 우리가 아닌 고객이 문제를 처음 발견했다는 점.

이 세 가지 이유로 한 달 치 수수료의 면제가 부당한 요구가 아니며 오히려 이 문제를 교훈 삼아, 해당 버그가 발생한 파트의 모니터링을 강화하고, 관련된 내용에 대한 기술적인 설명을 더 잘 문서화해야 한다고 주장했습니다. 다행히 이 사안은 받아들여졌고, 추후 해당 고객사에 이슈가 발생하지 않도록 더 많은 주의를 기울여 결론적으로 현재까지 계약갱신 및 구독 유지가 이어져 오고 있습니다.

이 경험을 계기로 이와 비슷한 이탈의 신호가 감지되었을 때 어떤 조치를 취해야 하고, 조치를 취하지 않을 경우, 어떤 피해가 발생할 수 있는지 생각하게 되었으며 경영진에게 고객사의 입장을 대변하는 것 또한 CSM의 역할이라는 것을 깨닫게 되었습니다.

6. CSM을 추천하는 이유

CSM을 추천하는 이유는 회사 내에서 CSM이 중추적인 역할을 하기 때문이다. 많은 기업들이 "고객 중심 기업이 되자!"라고 외치지만, 사실상 모든 팀의 KPI는 고객 성공과 큰 관련이 없다. 예를 들어, 개발 서포트 팀은 시스템 유지보수, 마케팅 팀은 기업 브랜딩, 제품 개발팀은 신기능 개발, 엔지니어 팀은 버그 수정, 세일즈 팀은 판매 증가 등, 고객 성공과 관련 없는 KPI를 중심으로 한다. 그렇지만 CSM은 '고객 성공'이라는 말이 직무명에도 포함돼 있듯이, 고객 중심적인 마인드셋을 가지고 그 가치를 널리 퍼트린다. CSM이 고객의 이야기를 가까이에서 듣기 때문에 고객을 대표해 회사에 피드백을 줄 수 있고, 그로 인해 기업이 고객의 마음을 잘 이해할 수 있는 방향으로 회사를 발전시키는 중요한 역할을 한다.

CSM 직무에 도전하는 몇몇 사람들은 본인이 관심 있는 분야에서 업계 1, 2위를 다투는 유명한 IT/소프트웨어 기업만 후보로 생각하는 경향이 있다. 꼭 그렇게 하지 않아도 된다고 전하고 싶다. 개인적으로 시장에 후발 주자로 뛰어든 스타트업의 IT 솔루션 회사라도 CSM으로서의 성장을 위해 일단 직무 경험을 위해 도전하는 것을 추천한다. 그 이유는 다음과 같다.

메이저 SaaS 회사의 경우 제품이 적용하기 쉽고, 유명한 활용 사례들이 있어 제품 그 자체로도 고객을 불러들이고, 고객 유지가 된다. 또 솔루션 적용이 용이하고 타 경쟁사들이 노릴 수 없는 압도적인 기능을 가지고 있어서 CSM도 고객 이탈에 스트레스를 크게 받지 않으며 프로젝트를 진행할 가능성이 있다.

반면, 스타트업 SaaS 회사의 제품의 경우 아직 유명하지 않기에 적극적인 '영업'을 통해 판매가 이루어진다. 제품 자체의 매력보다 영업이 성장에 있어 중요한 역할을 하기 때문에 세일즈 매니저들의 역량이 매우 중요하다. 세일즈 팀에서는 성과를 내기 위하여, 고객에게 우리 제품에 대한 니즈를 발전시키고, 고객에게 어떠한 가치를 제안할 수 있는지 찾아내고 설득한다. CSM 또한 마찬가지로 계약이 되고 나면 적용부터 활용까지 옆에서 서포트하며 여러 종류의 이슈를 해결해야 한다.

이러다 보니 CSM으로의 커리어를 처음부터 유명한 회사에서 쌓으면 편할 것 같지만, 먼저 규모가 작은 회사의 CSM으로 들어가 고객에게 가치를 전달하는 다양한 상황을 경험하고 배워 나가면, 추후에 메이저 회사에 가서도 문제를 신속하게 해결할 수 있을 가능성이 커진다. 아무리 완벽한 제품이라고 해도, 기술적 이슈는 있을 수밖에 없고, 여러 상황 속에서 대처법을 잘 알고 있다면 남은 시간에 고객 비즈니스의 이해에 더 많은 신경을 기울일 수 있으며, 결과적으로 고객 성공을 빠르게 이뤄 낼 수 있다.

실제로 유명한 IT 회사에서 작은 스타트업으로 이직했던 오랜 경력자의 경우, 현장에서 겪는 여러 이슈에 당황하여 적절히 대응하지 못하는 상황을 보기도 했다. 오히려 경력은 더 짧지만, 고객 성공과 구독 이탈 방지를 위한 고객관리를 경험했던 CSM 매니저들이 더 능숙하게 이슈를 해결하거나, 고객 성공을 이뤄 재계약을 연장시키는 경우가 많았다. 그렇기 때문에 CSM을 지원할 때 업계 1위, 2위의 IT 회사를 고수하는 것보다 차라리 빠르게 다양한 경험을 쌓는 것도 나쁘지 않다고 생각한다.

나는 고객 성공 매니저로 성공할래!

2부

CSM의 업무 관련

1. 회사에서 CSM 팀을 운영하는 이유

구독형 서비스 모델을 채택하고 있는 소프트웨어 회사들은 CSM 팀을 운영하는 것이 회사의 총수익(Revenue)을 올릴 수 있는 방법이라고 생각한다. CSM 팀의 운영 및 투자가 투자 대비 더 많은 이익을 가져온다고 판단하기 때문이다.

회사에서 총수익(Revenue)을 높일 수 있는 방법은 높은 리텐션 비율(Retention rate, 고객 보유) 유지와 리뉴얼 사이즈의 증가가 있다.

(1) 리텐션 비율(Retention rate, 고객 보유 비율)

고객 보유(Retain)란 월간/연간 구독 서비스를 제공할 때, 고객이 재계약을 하는 비율을 말한다. 예를 들어, 100개의 고객 중 80개의 고객사가 재계약을 진행하고, 나머지 20개의 고객사는 재계약을 진행하지 않았다면 리텐션 비율(Retention rate)은 80%이며, 처닝 비율(Churning rate)*은 20%다.

---

* 처닝 비율: 고객 이탈률이며 고객 보유율을 뜻하는 리텐션 비율(Retention rate)의 반대 개념이다.

기존 고객이 이탈하지 않고 서비스를 계속 유지하는 것이 새로운 고객을 유치하는 것보다 비용 투자 대비 효율적이기 때문에 고객의 구독 유지는 회사의 총수익에 중요한 역할을 한다. 따라서 리텐션 비율을 계산할 때 신규 고객사는 포함시키지 않는다. 신규 고객 유입으로 얻을 수 있는 총수익의 순수익은 재계약으로부터 얻어지는 순수익보다 적기 때문이다. 예를 들어, 100개의 기존 고객사 중 80개의 고객사가 재계약을 하면 리텐션 비율이 80%이지만, 여기서 세일즈 팀이 신규 고객사 30개를 유치했다고 해도 리텐션 비율이 110%가 되지 않는다. 신규로 유지된 고객사의 수는 기존 고객의 구독 유지보다 시간과 비용이 더 많이 들어가므로 리텐션 비율 계산 시 포함하지 않기 때문이다.

구독형 비즈니스 모델을 채택하고 있는 기업의 경우, 리텐션 비율은 예측 가능한 매출과 재무 안정성을 가져오는 지표이기 때문에 이 비율에 주목한다. 높은 리텐션 비율을 위해서 고객이 제품의 가치를 경험하게 하는 것이 중요하고, 제품 활용을 통한 목표를 달성이 가능하도록 CSM이 도와야 한다.

(2) 리뉴얼 사이즈(Renewal Size)의 증가

리뉴얼 사이즈(Renewal Size)란 재계약 체결 시 가격이 커졌는지, 줄어들었는지를 의미한다. 예를 들어, 어떤 고객이 재계약 시 전보다 더 많은 라이선스나 제품을 구매하고자 한다면, 리텐션 비율이 유지될 뿐만 아니라 리뉴얼 사이즈까지 증가해 회사의 수익에 긍정적인 영향을 미친다.

하지만 오히려 리뉴얼 사이즈가 작아지는 경우도 있다. 고객이 재계약을 이유로 더 많은 할인을 요구하거나 구독 유지를 하더라도 몇 가지 제품의 라이선스를 해지하는 경우가 이에 해당한다.

업셀 혹은 크로스셀을 통해 얻는 리뉴얼 사이즈의 증가는 고객이 구매한 제품과 서비스를 통해 최대한의 가치를 얻을 수 있을 때 이루어진다. 제품 A를 구매하여 그 가치를 충분히 느낄 때, 고객들은 A 이외에 제품인 BCD를 고려할 가능성이 높아진다.

따라서 회사는 총수익을 증가시키기 위해 CSM 팀을 운영하고 그 총수익은 리텐션 비율과 리뉴얼 사이즈, 이 두 가지 요소를 중요한 지표로 판단한다. 그렇기 때문에 SaaS 계열의 회사들은 CSM을 활발히 채용하고 투자하게 된다.

나는 고객 성공 매니저로 성공할래!

- CSM이라면 항상 숙지하고 있어야 할 담당 고객들의 ARR, MRR

* ARR이란?
연간 반복 수입(Annual recurring revenue, ARR)으로 ACV(Annual contract value)라고도 부른다.

* ACV(Annual contract value)이란?
고객이 2년간 구독하는 조건으로, 2년 치 비용을 미리 20만 불에 계약했다면, 이 고객의 ACV는 10만 불이다. 또는 어떤 고객이 ,6개월 치 계약을 진행하며 6만 불에 사인을 했다면, 이 고객의 ACV는 12만 불이 된다.

* MRR이란?
Monthly로 바꿔서 이해하면 된다. Monthly recurring revenue로, 매달 고객이 지불하는 비용을 뜻한다. 고객이 2년간 구독하는 조건으로, 2년 치 비용을 미리 20만 불에 계약했다면, 이 고객의 MRR은 약 8천 불이다.

2. CSM 팀장의 역할

CSM은 업무 특성상 고객뿐만 아니라 내부의 여러 조직과 함께 일을 진행한다. CSM 팀장은 올바른 방식으로 커뮤니케이션이 유지될 수 있도록, 소통 속에서 중심을 잘 지켜야 한다. 또한 CSM 팀장은 CSM의 팀원들이 다른 팀들과 건강한 관계를 잘 유지할 수 있도록 도와야 한다.

(1) 타 조직과의 커뮤니케이션에서 중심 역할

회사의 각 팀은 각자 다른 목표를 가지고 있다.

예를 들면, 제품 개발 팀은 "어떤 기능이 더 큰 총수익을 가져오는 데 도움이 될까?"를, 세일즈 팀은 "어떻게 타깃 고객을 설정할까?"를, 마케팅 팀은 "어떤 메시지가 가장 후킹(Hooking)이 잘되며, 우리 제품이 전하고자 하는 가치를 가장 잘 담을 수 있을까?"를 고민한다.

이렇게 각 팀은 '**회사**'에 이익을 가져올 수 있는 지점을 고민하고 그것을 목표로 한다. 하지만 CSM 팀은 '**고객**' 성공이라는 목표를 기본으로 하기 때문에 타 부서와 협업 시 충돌하게 되는 순간이 생기기도 한다.

나는 고객 성공 매니저로 성공할래!

간단한 예로, CSM은 고객이 솔루션을 사용할 때 시간이 많이 소요되는 번거로운 작업을 단순화하는 기능 업데이트를 우선으로 생각하는 반면, 제품 개발 팀은 총수익을 높일 수 있는 새로운 기능 개발을 최우선 순위로 한다. 이런 경우, CSM 팀장은 두 조직의 의견을 적절히 조율하여 기능 개발의 우선순위를 정한다. 또, 세일즈가 끌어온 고객이 적합한지 판단하고, 기술적 문제 발생 시 우리 내부 사정으로 해결이 딜레이가 되고 있다면, 개발 팀장과 논의하여 추가 리소스를 배분하는 등의 해결책을 제시하기도 한다. CSM 팀장은 이 모든 커뮤니케이션이 원활하게 진행될 수 있도록 정리하고 도움을 주는 역할을 해야 한다.

(2) 고객의 상태를 빠르게 감지하고 전략을 조언

CSM 팀장은 긴밀하게 이탈에 대한 신호를 감지하고 그에 따른 전략에 대해 조언하거나 주의를 줄 수 있어야 한다. 또, 중대한 이슈 발생 시 고객에게 어떤 식으로 안내하면 좋을지, 톤과 방식에 대해 가이드를 줄 수 있어야 하고, 실무에 적용할 수 있는 팁들을 많이 공유해야 한다.

(3) 팀 성과 분석 및 보고

CSM 팀의 성과를 분석하고 상위 경영진에게 총정리된 고객만족도, 리텐션 비율, 업셀 등의 정보를 정기적으로 보고하는 것은 CSM 팀장에게 필수적인 일이다.

그러나 그중 CSM 팀장의 가장 큰 역할은 고객이 이탈한 이유를 상부에게 설명하고 그 정당성을 설득하는 일이다.

CSM 한 명이 고객 이탈을 백 퍼센트 방지하는 것은 불가능하다. 고객 이탈을 방지하는 것은 회사 전체의 몫이다. CSM의 역할은 고객 이탈 신호를 감지하고 전략을 준비하거나, 고객 이탈을 막을 수 없는 상황이라면 내부에 피드백을 주어 제품의 품질이나 판매 방향성을 개선하는 것에 있다. 그러나 회사들은 고객 이탈이 발생하면 우선 CSM에게 화살을 돌리는 경우가 있다. 이런 상황에서 현명한 CSM 팀장은 정확히 어떤 이유로 고객이 이탈하였고 앞으로는 어떤 식으로 개선해야 하는지 임원진들을 잘 설득할 수 있다. 이것은 CSM 팀을 보호하기 위함이기도 하다. 그뿐만 아니라 고객 이탈의 원인이 제품 적용의 어려움 때문인지, 고객의 니즈를 제품이 충족시키지 못해서였는지, 피할 수 없는 이유(도산, 인수합병, 인원 감축 및 인사이동) 때문이었는지 등의 보고를 통해 세일즈 전략에도 유효한 인사이트를 제공할 수 있다.

(4) 팀 관리 및 고객 배정

간혹 타 부서 사람들이 '특정 CSM 직원이 담당하는 고객사 수가 적네, 일 안 하고 놀고 있는 거 아니야?'라는 오해를 하기도 한다. 이것은 사람들이 고객 성공을 제대로 이해하지 못해서 발생하는 오해로 실제로 고객사 수가 적은 CSM이 더 바쁘고 담당 고객 성공에 중요한 역할

나는 고객 성공 매니저로 성공할래!

을 할 수도 있다. 그렇다면 고객 배정은 어떻게 이루어지며 CSM 한 사람이 관리할 수 있는 적절한 고객사의 수는 몇 개일까?

　어떤 회사는 CSM당 최소 N개 이상의 고객을 담당해야 한다고 업무를 지시하는데 이는 잘못된 방식이다. CSM에게는 최저 할당 고객 수가 고정적으로 존재해서는 안 되고 무엇보다 CSM 팀장이 고객을 배정할 때, 단순히 시간이 더 많아 보이는 CSM에게 고객을 던져 버리는 작업이 되어서는 절대 안 된다. 고객 배정의 기준이 단순 수량으로만 이루어진다면 CSM은 고객들의 이탈 신호들을 놓치게 되는 상황이 생기고, 사전에 충분히 이탈을 막을 수 있는 작업들도 진행하지 못하게 되기도 한다.

　따라서 CSM에게 고객을 배정할 때에 다음과 같은 요소를 고려해야 한다.
   * 제품 또는 프로젝트의 복잡성
   * 이해관계자들이 프로젝트에 가지고 있는 민감성 정도
   * 고객이 가지고 있는 지식과 경험
   * CSM이 가지고 있는 지식과 경험
   * 고객 중요도
   * 고객의 성장 가능성
   * CSM의 고객관리 능력

이를 고려한 고객 배정이야말로 CSM의 성장과 고객 만족에 최대한의 긍정적인 결과를 가져올 수 있다. 따라서 팀장은 신중한 작업을 통해 CSM에게 적합한 고객 배정을 해야 한다.

3. CSM의 주요 업무

(1) 온보딩 및 트레이닝

CSM 역할 중 가장 기본은 고객 온보딩이다. 온보딩이란 신규 고객에게 제품을 소개하여 해당 서비스를 잘 이용할 수 있게 돕는 기간이다. 고객 성공 매니저에게 가장 중요한 기간으로 온보딩을 통해 고객에게 제품에 대한 긍정적인 첫 인상을 심고 제품을 통해 달성 가능한 부분과 불가능한 부분을 명확히 설명해 고객의 기대치를 조정하는 기간이기 때문이다. 또한 온보딩 기간 동안 이루어지는 비즈니스 미팅에서 이해관계자들과 좋은 관계를 형성할 수 있다.

솔루션 사용법 트레이닝 또한 온보딩 내용에 포함된다. CSM은 이 과정에서 실무 담당자에게 서비스의 사용법을 교육하고, 필요한 훈련을 제공한다. 굳이 필요 없는 부분까지 하나하나 읊어 줄 필요는 없으며, 보통 고객이 당장 Day 1부터 사용할 수 있는, 고객의 사용 목적에 부합한 기능부터 트레이닝한다. 그 이후에는 서비스에 대한 고객의 질의응답이나 성과측정 방법 안내 등을 지원하며 고객의 목표 달성을 돕는다.

(2) 문제 해결 및 지원

제품 또는 서비스 사용 과정에서 발생하는 문제들을 해결하고 지원한
다. 제품 이슈와 같은 경우, 내부 제품 개발 팀 및 개발 서포트 팀과 협
력하여 고객의 문제를 신속하게 해결하여 고객의 만족도를 유지한다.

고객에게 참고할 수 있는 성공 사례를 공유하여 어떤 방법으로 사용
할 수 있는지 활용을 돕고, 고객이 사용해 본 적이 없는 다양한 기능을
사용할 수 있도록 유도하여 고객의 목표 달성을 돕는다.

(3) 고객 피드백 수집

고객의 피드백을 수집하고, 이를 회사 내부에 공유하여 관련 팀과 협
업하고 개선할 수 있도록 이끈다. 그뿐만 아니라 고객의 입장에서 사
용할 때, 개선이 필요하다고 여겨지는 부분이 있다면 부가적으로 회사
에 제안한다. CSM의 제안 내용은 회사의 영업전략의 일부분이거나 마
케팅 방식, 제품 개발 방향, 기능적으로 제품의 불편한 측면이 될 수도
있다. 특히 고객의 의견을 내부 관련 팀과 공유하면, 제품의 품질과 서
비스를 향상시키는 데 기여할 수 있고 반영이 가능할 때, 고객들의 만
족도가 크게 높아진다. 사실상 고객들이 불만족스러운 부분이 있어도
큰 이슈가 아닌 이상 말을 하지 않는 케이스가 많기 때문에, 고객이 편
하게 피드백을 전달할 수 있도록 CSM은 고객과 가까운 관계를 맺어야

한다. 고객사의 입장에서 우리 제품의 불편한 점이 무엇일지 생각해 보는 것도 도움이 된다.

(4) 고객관리 계획 및 전략 수립

고객들이 해당 솔루션을 잘 쓰고 있는지 주의해서 지켜봐야 한다. 만약 고객의 제품 사용률이 하락하거나 매달 결제가 미뤄지거나, 담당자가 퇴사 혹은 인사이동으로 다른 팀에 가거나, 설문조사 점수를 낮게 주거나, 제품에 새로운 기능들을 전혀 사용하지 않는 등, 고객이 이탈하기 전에 신호를 캐치하여 적절한 조치를 취하는 것이 중요하다.

> ☑ 참고
>
> CSM의 분기별 OKR, 즉, CSM의 업무 성과 및 평가는 다음과 같은 요소들로 계산된다.
> — 리텐션 비율 / 처닝 비율
> — 리뉴얼 사이즈의 변화(업셀 혹은 다운셀)
> — 고객의 제품 적응도(Adoption): 얼마나 다양하게 제품의 기능을 사용하고 있는지
> — 분기 시작과 끝의 고객 헬스 체크 결과 추이
> — 고객의 긍정적 리뷰 참여 혹은 NPS 점수

4. CSM이라면해보기!

다음으로 소개할 내용은 CSM이라면 한 번쯤 고객을 위해 선행하여 준비하면 좋은 작업들이다.

(1) 문제 발생 시 고객의 자가 진단을 위한 고객 전용 셀프 체크리스트 작성

고객에게 발생할 수 있는 문제는 셀 수 없이 많다. 하지만 CSM의 인력과 시간 또한 한정적이기 때문에 모든 고객들의 이슈를 동시에 다 체크하면서 관리하는 것은 어려운 일이다. 따라서 시간을 효율적으로 활용할 수 있는 방법 중 하나는 고객이 직접 점검할 수 있는 셀프 체크리스트를 전달하는 것이다.

일반적인 FAQ 페이지와는 별개로, 고객 전용 셀프 체크리스트는 문제 발생 시, 고객 스스로 설정에 잘못이 있는지 체크해 볼 수 있는 항목으로 고객 측면에서는 CSM의 답변을 기다리지 않고 빠르게 문제 원인을 확인할 수 있다는 점과, CSM 측면에서는 지원 부담이 감소한다는 장점이 있다.

그러므로 자주 발생하지만, 해결이 간단한 문제들의 경우, 셀프 체크리스트를 고객에게 전달하면 업무처리가 훨씬 수월해질 수 있다.

(2) 정확한 피드백 수집을 위한 피드백 폼 제작

CSM은 고객들이 우리 제품을 왜 사용하고, 어떻게 생각하는지 자세히 이해하고 있어야 한다. 그러나 이런 피드백을 직접 듣기가 쉽지 않다.

보통은 좋다, 어느 기능이 아쉽다 정도의 피드백만 받을 수 있으며, 고객이 이탈하더라도 정확한 이유보다 회사 내부 사정이라는 애매한 말을 듣기가 쉽다. 그래서 정확한 피드백을 받기 위해 자세한 질문 문항으로 구성된 피드백 폼을 담당자에게 전달했던 것이 매우 유용했다. 나의 경우 Gartner Peer Insight(유명 IT 제품 및 서비스 리뷰 플랫폼)의 리뷰 폼을 참고하여 피드백과 관련된 질문을 구성했고 이것을 고객에게 전달했을 때 항목별 점수와 주관식으로 작성된 응답으로 솔직한 리뷰를 얻을 수 있었다. 특히 서비스에 대해 불만족스러운 부분과 만족스러운 부분을 더 자세하게 파악할 수 있어, 내부 미팅 때 고객에 대한 질문에 수월하게 대답할 수 있었다.

질문 문항에서 큰 도움이 되었던 것은 순 고객 추천 지수(Net Promotor Score)다. 이 문항은 우리 제품을 다른 회사의 친구나 동료에게 추천할 가능성을 0점~10점 사이에서 고르게 하는 것으로 고객의 만족도를 판단할 수 있는 중요한 지표이다.

일반적으로 0~6점을 선택한 고객은 곧 이탈할 고객이라고 볼 수 있다. 우리 제품을 추천하지 않고, 재구매하지 않을 가능성이 높다.

7~8점을 선택한 고객은 중립 고객이다. 굳이 나서서 다른 사람들에게 추천하지는 않지만 제품에 그럭저럭 만족하는 고객들이다.

9~10점을 선택한 고객은 충성도가 제일 높은 사람들이다. 재구매, 추천, 새로운 상품 구매 가능성이 있다.

> ☑ 참고
>
> 회사에서 CSM에게 현재 전체 고객들의 NPS 점수를 물어본다면, 전체 고객들 중 충성 고객(9~10점) 비율 — 이탈 가능성 고객(0~6점) 비율로 계산하면 된다.
> EX) 50%의 충성 고객 — 25%의 이탈 가능성 고객
> = NPS는 25점

이렇게 설문 조사를 통해 고객의 솔직한 의견을 파악하는 것이 고객이 계속 구독을 유지하는 이유와 고객만족도를 객관적으로 확인해 볼 수 있는 방법 중 하나다.

(3) 정기적인 비즈니스 리뷰

외국계 SaaS 기업의 경우, 대다수의 본사 CSM 팀장은CSM에게 고객과 QBR을 진행하라고 지시할 것이다. QBR은 Quarterly Business Review로 고객과 분기별로 비즈니스 리뷰 미팅을 진행하여 제품을 믿고 사용할 수 있게 설명하고 돕는 작업이다.

그러나 내 경험상 반드시 비즈니스 리뷰를 분기별로 진행할 필요는 없다고 판단된다. 서양권의 CSM들이 고객관리를 위해 고객사의 임원진과 QBR을 분기별로 반드시 진행하는 것과 다르게 국내 비즈니스에서 비즈니스 리뷰 미팅은 제품이 고객사에 영향을 끼치는 규모에 따라, 제품의 가격 사이즈에 따라서 월별, 반기별, 리뉴얼 전에 한 번 등으로 비즈니스 리뷰 미팅 주기를 조절하여 진행하는 것이 낫다. 만약 우리 제품이 단순히 실무자가 업무를 하는 데 도움을 주는 정도로 사용된다면 고객사의 상급자까지 초대하여 미팅을 진행할 필요는 없다. 따라서 적절한 비즈니스 미팅의 횟수와 내용, 미팅 대상을 담당 CSM이 적절하게 판단해야 한다.

보통 비즈니스 리뷰에서 다루는 내용은 다음과 같다.
— 고객이 제품을 어떻게 써 왔는지?
— 온보딩 때 설정했던 비즈니스 목적들이 달성되었는지?
— 모든 서포트 티켓들이 SLA 시간 내에 해결되었는지?
— 신규 론칭된 기능의 소개

— 어려움을 겪었다면 어떤 어려움이었는지?

— 리뷰, 케이스 스터디 제안

— 업셀, 크로스셀 제안

이 비즈니스 미팅에 실무 담당자의 상급자 또한 참석하게 된다면, 우리 제품을 통한 성과를 어필할 뿐만 아니라 실무 담당자가 어떤 방식으로 일을 진행해 성과를 낼 수 있었는지 등, 그 노고를 담당 상급자에게 어필해 서로에게 윈윈이 되는 자리로 만드는 것도 실무자와 좋은 관계를 형성할 수 있는 방법 중 하나다.

즉, 비즈니스 미팅을 진행함으로써

— 고객 목표를 재확인할 수 있고

— 실무자를 제외한 다른 이해관계자들도 진행 상황을 확인함으로써 서비스 및 제품 사용이 회사에 도움이 되고 가치를 얻고 있다는 내용을 파악할 수 있으며

— CSM은 고객 상황에 대한 정보를 자세히 알게 되어 고객 관계 형성에 도움이 되고, 업셀 기회를 포착할 수 있다.

나는 고객 성공 매니저로 성공할래!

3부

CSM과 다른 부서와의 관계

1. CSM과 Customer Support의 차이점

지금까지 내용으로 은연중에 CSM이 고객 서포트 및 고객지원 업무를 한다고 막연하게 오해하는 사람들이 있을 수 있다. 물론, CSM이 고객 서포트 업무까지 포함하고 있는 경우가 사실이다. 그러나 엄연히 CSM과 고객 서포트는 다른 업무다. 다만, 두 팀을 따로 구분해 두는 회사가 많지 않기 때문에 CSM이 서포트의 업무까지 포함해서 진행하고 있는 경우가 많다. 기술적인 이슈 해결을 전담하는 개발 서포트 팀은 따로 마련해 두는 편이지만, 이들은 직접 고객을 상대하는 업무를 하지 않고 CSM이 중간에 다리 역할을 하며 이슈 해결을 돕는다.

여기서 고객 성공(Customer Success)과 고객지원(Customer Support)의 차이점을 짚고 넘어가자.

고객 성공(Customer Success)이란, 고객이 우리 제품을 통해 더 많은 수익 창출, 시간의 절약, 생산성 향상과 같은 목표를 달성하도록 도와주는 역할을 말한다.

고객지원(Customer Support)은 우리 제품이나 서비스에 문제가 생겨 해결하는 역할을 하거나, 고객이 제품을 사용하는 데 문제가 없도록

나는 고객 성공 매니저로 성공할래!

도움을 주는 역할을 한다.

이렇게 보면 고객지원 업무 또한 고객 성공에 포함된다는 것을 알 수 있다. 고객지원이 원활하게 이루어져야 긍정적인 사용경험을 제공할 수 있고 고객 이탈 방지에 도움이 되기 때문이다. 고객지원 업무를 하면 제품에 대한 이해도가 빠르게 높아지는 것이 사실이지만, 지원 업무 자체에 매몰되지 않고 고객 성공 업무에 시간을 할애할 수 있도록 적절하게 시간을 관리하는 것은 CSM에게 필수적이다.

고객지원 업무와 고객 성공 업무는 구체적으로 어떻게 다른지, 좀 더 자세히 살펴보자.

(1) 고객 성공 팀은 수익을 낸다

CSM은 고객 이탈 방지 전략을 세워 재계약을 목표로 하고, 재계약 시 업셀 혹은 크로스셀의 기회를 포착하는 역할을 한다. 이것은 수익과 직접적인 관련이 있으므로 쉽게 말해 회사에 수익을 가져오는 역할을 한다고 볼 수 있다. 그러나 고객지원 팀은 고객이 제품 및 서비스 사용상에 문제가 생겼을 때, 해결해 주는 역할을 한다. 고객 성공 매니저처럼 구독 유지나 고객들이 다양한 제품을 활용할 수 있도록 만드는 것과 거리가 있다.

(2) 고객 성공 팀은 능동적(Proactive)이다

고객지원 팀은 고객이 문제를 제기하면 해당 문제를 처리한다. 문제가 제기되어야 행동을 취하는 수동적인 구조다. 반면, 고객 성공 팀은 능동적(Proactive)으로 고객에게 먼저 다가가는 사람들이다. CSM은 고객이 제품 사용에 있어 어떻게 하면 다양한 활용법을 제안할 수 있을지, 다른 제품이 추가로 더 필요하지는 않는지, 고객의 이탈 가능성이 있는지, 고객이 기능을 잘못 사용하고 있지는 않은지 등을 고려한다. 즉, 적극적으로 고객에게 관심을 가지고 고객의 상황을 지속적으로 확인한다.

반면, 고객 서포트는 고객 이해보다 제품 이해에 더 치우쳐 있다. 많은 기술적 노하우를 가지고 고객의 연락을 기다린다. 대처 방식에 있어 수동성과 능동성이 가장 큰 차이점이라고 할 수 있다.

2. CSM과 Sales의 차이점과 갈등 상황

CSM 팀과 세일즈 팀, 모두 고객을 직접 대면하고 회사의 수익을 증대시키는 역할을 한다. 하지만, 세일즈는 조금 더 '거래' 행위에 초점이 맞춰져 있어 신규 고객과 기존 고객들의 계약 자체에 책임이 있다. 그렇기 때문에 강한 협상 능력, 설득력, 커뮤니케이션 능력이 필요하다. 반면, CSM은 '고객 성장, 성공'에 더 무게를 둔다. 고객이 원하는 목표를 달성하고 고객 이탈 방지에 집중하기 때문에 강한 문제 해결 능력, 분석적 사고, 공감 능력 및 커뮤니케이션 스킬이 요구된다.

> ☑ 참고
>
> 회사마다 상이하지만, 대부분 CSM이 업셀, 크로스셀, 리뉴얼 등 수익을 내면 인사 평가에 긍정적인 점수를 받지만, 영업 팀처럼 계약에 따라 인센티브가 추가로 지급되지는 않는다. CSM은 고객과의 긍정적인 관계를 유지를 위해 '추가 판매'가 아닌 '추가 가치 제공'에 초점을 맞춰야 한다. 세일즈와 달리 CSM은 고객과의 긍정적인 관계 형성이 중요하기 때문에 무조건 더 많은 계약에 따라 인센티브 지급이 이루어지지 않는 것은 CSM의 가치인 고객 중심적 마인드셋과 고객과의 신뢰 관계 형성에 방해 요인으로 작용할 수 있다고 판단하는 것으로 추측된다.

나는 개인적으로 세일즈 팀과 가깝게 일하는 편이다. 세일즈 팀의 커뮤니케이션 능력, 고객과의 라포(Rapport, 유대감) 형성 스킬, 끈기와 같은 직무적 성향이 CSM으로서 배울 점이 많을 뿐 아니라, 계약 후 고객을 인계받을 때 고객과 관계 형성에 큰 도움이 되기 때문이다.

그러나 어느 회사나 그렇겠지만 세일즈 팀과 CSM 팀은 부딪히는 상황이 발생한다. 그렇다면 그 원인이 무엇인지 살펴보자.

(1) 제품 과장 판매

세일즈는 CSM만큼 제품에 대한 심도 깊은 이해가 필수적이지 않다. 기본적인 제품 기능은 숙지해야 하지만, 각 기능의 제약사항, 작동 방식, 다양한 활용 방식 등을 모두 알고 있지 못하다. (물론, 세일즈 매니저마다 다르다.) 그러다 보니 세일즈 팀의 목표 달성 압박 또는 잘못된 제품에 대한 지식 등의 이유로 고객에게 제품에 대해 잘못된 기대를 갖게 하는 상황이 생기기도 한다. 이런 경우, 고객은 "특정 기능 때문에 도입했는데 실제로 활용하기에는 제약사항이 많아 잘 쓸 수가 없네요?"와 같은 반응을 보인다. 이렇게 되면, 고객신뢰도가 하락하고 고객의 이탈 가능성이 매우 높아지게 된다.

이런 상황에 놓이면 CSM은 내부 기능 개발의 우선순위를 뒤엎어 가면서까지 기능 개발 팀에게 빠르게 해당 건의 개발 요청을 하거나, 여러 팀과 복잡한 협업을 통해 단기적인 해결책을 찾아 고객에게 제공하는 등, 해당 고객에게 시간과 리소스를 많이 할애하게 된다. 과장된 판매로 세일즈 매니저는 인센티브를 얻지만, 담당 CSM과 세일즈 매니저는 충돌이 생기게 된다.

회사는 지속적인 수익을 창출을 목표로 하기 때문에 장기적으로 솔루션을 잘 사용할 수 있는 고객들에게 제품을 파는 것이 중요하다. 과장된 판매는 계약기간 동안 고객을 관리하는 CSM의 관점에서 봤을 때, 고객과의 신뢰 관계를 무너뜨리고 재계약이 어려워질 뿐만 아니라, 구독 기간 중에도 고객 이탈 가능성을 높인다.

(2) 잘못된 타깃에게 판매

구독형 서비스를 채택하는 기업은 몇 년 치 데이터가 쌓이면, 어느 유형의 고객사들이 재계약을 계속 유지하고, 어떤 고객들이 1년 내에 쉽게 이탈하는지에 대해 고객사의 사이즈별(스타트업, SMB, 엔터프라이스 규모) 또는 산업별(유통, 제조, 미디어, 금융)로 나누어 분석한다. 해당 년도의 세일즈 전략은 축적된 데이터를 기반으로 세운다.

예를 들어, 우리 제품을 구독하는 고객들 중 유통산업에 종사하는 스타트업 회사들이 공통적으로 제품 전체가 아닌 일부의 몇 가지 기능만 필요했고 1년 후, 그 기능만 가지고 있는 더 저렴한 경쟁사 솔루션으로 이탈했다고 가정해 보자. 이런 경우, 스타트업 고객에게 집착하며 제품을 판매할 필요가 없다. 스타트업 고객에게 들일 노력과 비용을 장기적으로 우리 제품을 더 잘 사용할 수 있는 다른 고객을 발굴하는 데 사용할 수도 있기 때문이다.

해당 스타트업 회사에 찾아가 제품을 성공적으로 팔았다고 하더라도 추후에 솔루션 중 일부만 사용한다는 이유로 할인을 요구하거나 적은 인원수를 이유로 솔루션 운영에 도움을 요구하는 일이 생길 수 있다. 또는 경쟁사 제품으로 이탈 후 자사 제품과 타 서비스를 비교하며 부정적인 리뷰를 남길 경우, 제품의 평판이 나빠질 수 있는 가능성도 배제할 수 없다. 이탈 가능성이 큰 고객은 오랫동안 유지되지 않기 때문에 제품에 적합하지 않은 고객을 관리하는 것은 오히려 비즈니스 비용을 낭비하는 일과 같다. 이런 이유로 적합하지 않은 타깃에게 제품을 팔았다면 장기적으로 봤을 때, 계약 종료 후, 고객을 이탈시키는 게 오히려 낫다고 볼 수도 있다.

(3) CSM 리소스를 세일즈의 수단으로 이용

앞서 언급했듯이 세일즈 팀은 제품에 대해 CSM처럼 깊게 알고 있을 필요는 없다. 다만, 일부의 세일즈 매니저는 본인이 제품을 잘 모른다는 이유로 세일즈 미팅에 CSM을 동행하여 고객 발굴과 그다음 단계인 영업 과정에 참여시키는 경우가 있다. (몇 군데 회사는 세일즈 단계에서 CSM의 참여가 긍정적인 결과를 가져올 수 있다고 판단하기 때문에 필요 시 CSM의 도움을 구하게 하고 계약 체결 시, 작은 퍼센티지의 인센티브를 CSM에게 지급하는 경우가 있으나, CSM의 계약 체결 기여도는 세일즈 매니저가 어필해야 하므로 인센티브를 정작 받지 못하는 상황도 발생한다.)

계약 이전 단계에서 세일즈의 요구나 조직 내 계급을 이용하여 CSM을 활용하는 문제로 충돌이 생길 수 있으니 주의해야 한다.

(4) 세일즈의 인수인계 오류

세일즈 매니저는 계약이 체결된 후 해당 고객에게 제안했던 내용이나 약속했던 성과, 관련 고객의 정보를 CSM에게 정확히 인수인계를 해야 한다. 인수인계가 제대로 이루어지지 않으면, 뒤늦게 관련 내용을 확인하여 챙기지 못한 부분이 고객만족도를 저하시키거나 업무 진행이 지연될 수 있다. 세일즈 매니저가 고객에 대한 정보를 정리하지 않고 생각나는 대로 말하거나, 일관성 있게 설명을 하지 못하고 중간에 말을 바꾸는 경우, 팀 간에 갈등을 불러온다. 이런 상황을 방지하기 위해 CSM들은 고객 정보 중 필요한 내용을 세일즈 팀이 직접 작성할 수 있는 질문지를 전달하기도 한다.

세일즈 팀의 입장을 모르는 것은 아니다. 목표 달성 압박이 심한 상황에서 제품을 단순히 기능적으로 사용 가능한 고객 모두를 데려올 수

밖에 없을 것이다. 따라서 세일즈 팀장과 CSM 팀장들의 역할이 중요하다. 계약 금액과 재계약 상태만을 중요하게 생각하는 것이 아닌, 내부적으로 적절한 리소스 배분, 위험 포인트, CSM의 개입 정도, 고객 가치 제안 등을 함께 논의하는 것이 고객 성공과 회사의 성장을 위한 진정한 협력이다.

3. CSM과 PM(Product Manager)의 갈등 상황

CSM이 고객의 피드백을 전달하면, PM은 고객이 필요로 하는 기능을 개발하여 고객 경험을 향상시킨다. 두 팀의 협업이 고객 만족에 중요한 만큼 충돌 상황에 슬기롭게 대처하는 것이 중요하다.

(1) PM(Product Manager)이 ETA(Estimated time of arrival)를 못 지켰을 때

첫 번째 충돌 상황은 고객 요청 사항을 약속된 기한에 맞추지 못했을 때다. 고객이 제품 기능의 제약으로 활용이 어려워 제약사항을 풀어 달라고 요구하거나, 해당 솔루션에 없는 기능을 새로 추가해 달라고 CSM에게 강력히 요청한 경우, PM에게 관련 요구 사항을 전달한다. PM이 그 요청 건에 대해서 받아들이면, 내부 개발자, 디자이너와의 미팅 후 예상 날짜(ETA)를 안내한다. 그러나 예기치 못한 변수로 해당 기능 론칭일이 예상 날짜(ETA)보다 늦어지는 상황이 발생한다.

예상 날짜(ETA)는 이미 공유된 상황이므로 고객은 기능 론칭 일정에 맞추어 활용 계획을 세웠을 것이다. 예상 날짜(ETA)를 지키지 못하면 고객만족도에 부정적인 영향을 끼치게 되어 CSM의 고객관리가 어려워진다. 나는 이런 상황을 미연에 방지하기 위해 PM이 공유한 예상 날짜보다 1, 2주 정도의 기간을 늘려 고객에게 공유하곤 했다. 해당 요청 기능을 CSM이 직접 테스트해 볼 수 있다면 테스트까지 직접 진행한 후, 이상이 없을 때, 고객에게 제품을 전달하는 것이 좋다. 예상 날짜(ETA)를 지키지 못해 고객 이탈 가능성이 높아질 수 있는 경우, 팀장 혹은 상급자에게 해당 이슈를 보고하여 개발에 더 많은 리소스를 투입해 약속된 ETA 일정을 엄수할 수 있도록 요청하는 것 또한 필요하다.

(2) 기능 개발 우선순위 설정상의 충돌

CSM은 고객의 긴급한 요청 사항을, PM은 제품 혁신을 우선순위로 둔다. 그렇기 때문에 우선순위 설정에 있어 두 팀이 충돌할 수 있다.

CSM이 기존 제약사항 수정, 경쟁사가 가지고 있는 기능 개발, 불편한 기능 수정 등에 대해서 개발 요청을 올리면 PM은 현재 해당 건 개발이 반드시 필요한 요구 사항인지, 우선순위 설정을 위해 CSM에게 여러 가지를 질문한다.

— 해당 기능을 개발함으로써 고객의 활용 방법(Use case)은 어떻게 되는지?

— 기능 개발을 요청한 고객의 MRR 사이즈는? 요청한 기능 개발을

하지 않았을 때, 고객이 구독 중지할 가능성은?

— 기능 개발 없이 취할 수 있는 다른 방법은?

따라서 CSM은 기능 개발 요청 시, 요청 고객에 대한 자세한 설명과 기능 개발이 되지 않으면 불편한 점, 기능 개발을 통한 향후 활용 계획 등을 준비해서 PM에게 공유해야 한다. 이는 PM이 개발 파이프라인에 추가하고, 우선순위를 빠르게 설정하는 데 도움이 된다.

(3) 기능이 설명대로 작동하지 않을 때

세상에 이슈 없는 IT 제품은 없지만 너무 당연하게 작동할 것이라고 생각했던 기능이 고지받지 못한 제약사항으로 인해 활용이 불가능하여 컴플레인이 들어오는 상황이 생긴다.

고객 성공은 제품의 퀄리티와 직접적인 관련이 있기 때문에 PM 팀은 투자수익률(ROI, Return on investment)이 나올 수 있는 제품을 개발해야 한다. 또한, 기능이 제대로 작동하지 않는 상황을 피하기 위해 PM은 사전 조사를 통해 제약사항을 CSM에게 미리 안내해야 한다. CSM은 신기능의 안전한 첫 활용을 위해 고객의 활용 계획을 PM에게 미리 공유하며, 고객에게 전달하기 전 작동 여부를 정확히 체크하고 일을 진행하는 편이 좋다.

PM이 제품 개발을 통해 CSM에게 큰 도움이 되는 만큼, CSM도 PM을 도와야 한다. CSM이 PM에게 크게 도움을 줄 수 있는 부분은 제품에 대한 고객의 피드백을 전달하는 것이다.

예를 들어 PM 팀이 새로운 기능을 론칭하면, 해당 기능에 관심이 있을 법한 고객을 대상으로 베타버전을 테스트할 기회를 제공한다. 그 후, 고객의 디테일한 피드백을 PM에게 전달하자. 여기에 고객의 의견을 포함한 테스트 상황, 결과, 앞으로 어떻게 더 활용할 수 있을지에 대한 아이디어를 더해 PM에게 전달하면 좋다. 그렇게 되면 PM은 론칭한 프로젝트에 고객들의 피드백을 포함해 임원 보고 시 유용한 자료로 활용할 수 있다. 또한 PM이 해당 기능의 활용에 대한 테스트 결과를 다른 CSM들에게 공유하면 그 CSM들은 고객들이 해당 기능을 잘 활용할 수 있도록 안내할 수 있다. 이런 종류의 공유는 PM의 제품 개발 시, 동기 부여가 되고 CSM과 PM의 상호 협력을 이끌어 내 고객의 요구 충족과 제품을 발전시킬 수 있다.

4. CSM과 마케팅 팀의 협업

(1) 마케팅 행사 시 CSM의 역할

CSM은 회사에서 누구보다 제품 활용 방안에 대해 잘 이해하고 있기 때문에, 웨비나 또는 외부 행사에서 마케팅 행사를 진행할 때, CSM이 제품 소개에 핵심적인 역할을 할 수 있다. 그리고 CSM은 웨비나가 끝난 뒤, 고객이 남긴 질문과 리뷰를 통해 잠재고객의 제품에 대한 인식과 제품만의 차별점을 파악할 수 있다. CSM은 다시 이 인사이트를 활용해 담당 고객에게 제품만의 차별점을 강조하고 활용을 권장하는 등, CSM 업무에 적용할 수 있다.

또한 마케팅 행사에서 고객들의 참여를 이끌어 내 우리 솔루션의 사용 후기와 성과를 발표하면 제품 홍보 효과를 가져올 수 있다. 동시에 고객들도 본인들의 활용 자체를 홍보할 수 있어 윈윈의 시간이 되기도 한다.

(2) 고객 성공 사례를 기반으로 마케팅 콘텐츠 제작

고객 성공 사례는 기존 고객을 도울 뿐 아니라, 마케팅 콘텐츠로도 활용될 수 있다. 제품을 활용해서 성공적인 성과를 이끌어 낸 고객들 중 고객의 로고와 회사 이름을 활용할 수 있도록 고객사 담당자 및 내부 홍보 팀에 승인을 받은 뒤, 우리 제품을 통해 이룬 성과에 대한 자세한 내용 작성을 요청드린다. 제품을 통해 작업을 진행했을 때 어떤 결과가 나왔고, 느낀 점은 무엇인지 상세히 적어 줄수록 좋다. 이렇게 작성된 고객 성공 사례를 마케팅 팀에 전달하면 회사 내부와 고객사의 검토를 거쳐 블로그 게시물, 사이트, 케이스 스터디, 뉴스 등 다양한 회사 홍보 콘텐츠로 활용하게 된다.

5. CSM 조직 내에서의 협업

앞서 CSM과 여러 조직들의 협업 방식과 발생할 수 있는 갈등 상황들에 대해 언급했다. 사실 CSM 팀은 구성원들 간의 협업이 가장 중요하다. 그 이유는 CSM 간의 소통 정도에 따라 업무 속도, 업무 습득력 등의 차이가 발생하기 때문이다. 따라서 다음은 CSM들끼리 공유했을 때 업무에 도움이 될 만한 내용을 소개하고자 한다.

(1) 제품 활용법(Use case) 공유

제품 활용법(Use case)을 다양하게 알고 있는 것은 제품을 이해하고 고객 성공을 이끄는 데 큰 도움이 된다. CSM들끼리 교류가 없다면, 회사 홍보 자료에 공개된 성공 사례만 파악하게 되고, 내 담당 고객이 다양한 활용 사례를 만들기 전까지 제한된 종류의 활용 방법만 숙지하게 된다. 따라서 각자의 고객들이 어떤 방식으로 활용했는지, 고객 세분화에 따른 Enterprise 고객과 SMB(Small and Medium business) 고객들의 활용 양상은 어떻게 다른지, 산업별로 어떤 활용 케이스들이 나올 수 있는지, 그 정보와 경험을 공유하면 CSM들이 더 빠르고 효율적으로 학습할 수 있다.

(2) 고객 피드백 공유 ― 요구 사항 및 개선이 필요한 부분 확인

CSM들끼리 고객의 피드백을 공유하는 것은 큰 이점이 있다. CSM 간에 교류가 없다면 고객의 요구 사항이나 자주 생기는 이슈에 대해서 어떻게 대응해야 할지 서로 알 수 없어, 여러 시행착오를 거치며 시간이 많이 소요된다. 고객이 공통적으로 불편함을 호소했던 사항에 관한 피드백 등을 다른 CSM들과 공유하고, 만약 어떤 대처가 고객에게 긍정적인 경험을 제공했다면 그 사례를 통해 배울 수 있다. 그뿐만 아니라 CSM끼리 목소리를 모아 제품 사용의 불편한 부분이 개선될 수 있도록 개발 팀에게 기능 수정을 요청할 수 있다. 따라서 고객 피드백을 적극적으로 서로 공유하는 것은 고객관리의 효율성이 생기고, 서비스 자체의 개선에 도움이 된다.

(3) 비즈니스 미팅 자료 공유

CSM들은 기본적인 CSM 템플릿을 가지고 업무를 진행하며 얻게 되는 본인들의 경험으로 비즈니스 미팅 자료를 새롭게 업데이트한다. 각 CSM마다 배정된 고객과 고객들의 활용 방안, 진행 방식이 다양해 CSM 각자의 경험도 달라진다. 따라서 이런 비즈니스 미팅 경험이나 관련 지식들을 CSM들끼리 적극적으로 공유하면, 더 많은 인사이트를 얻을

나는 고객 성공 매니저로 성공할래!

수 있고 결과적으로 CSM 팀 전체의 성과를 향상시킬 수 있다.

(4) 고객의 FAQ 공유

고객들의 질문 종류에는 여러 가지가 있으나, 모든 질문이 FAQ에 해당하는 것은 아니다. 그렇기 때문에 테크니컬 서포트 팀의 조사를 통해서 원인을 찾거나, 테크니컬 컨설턴트의 도움을 얻어 질문에 대한 해답을 얻어야 한다. 그러나 이 모든 과정은 시간이 크게 소요된다. CSM들끼리 상황 공유가 잘되는 상황이라면 다른 CSM이 고객에게 동일한 질문을 받아 그 건을 이미 해결했을 때, 그 건을 경험한 CSM에게 해당 질문에 대한 설명을 들을 수 있으므로 빠른 고객 응대가 가능해진다. 따라서 공통적으로 고객들이 자주하는 질문들에 대해 정리해 놓은 공유 자료를 만들어 놓거나, 빈번한 질문에 대한 해답을 공유하는 시간을 갖는다면, 결과적으로 서포트 업무에 시간을 아낄 수 있고 고객 성공이라는 질 좋은 가치를 고객에게 제공할 수 있다.

CSM 간의 소통은 협업, 문제 해결, 중요 정보 업데이트 등 결과적으로 고객만족도를 향상시키고 효과적인 CSM 팀을 형성하는 데 중요한 역할을 한다.

고객관리

1. 고객들의 이탈 사유

'Churn'은 고객 이탈을 뜻하며, 구독형 서비스를 채택한 회사에서 고객이 해당 서비스를 떠나거나 취소하는 것을 의미한다. 고객 이탈은 매출 감소로 이어지며, 새로운 고객을 유치하는 것은 기존 고객을 유지하는 것보다 비용이 많이 들기 때문에 기업은 CSM 팀을 운영한다. 그렇기에 CSM은 고객 이탈을 미리 감지하고 전략을 세워야 한다. 효과적인 전략을 세우기 위해서는 고객 이탈 사유를 잘 파악하고 있어야 한다. 고객 이탈 사유는 다음 9가지 원인 중 하나로 볼 수 있다.

(1) ROI(Return On Investment) 달성 실패

ROI(Return On Investment)는 투자수익률을 뜻한다. 여기서 ROI란 고객사가 회사의 솔루션을 구매함으로써 지출하는 비용과 거기서 얻어지는 수익을 비교했을 때 얻을 수 있는 이익으로, 목표가 실현되지 않아 매달 지불하는 구독료만큼 이익을 보지 못했음을 판가름할 수 있는 지표다. 이 수익률이 좋지 않으면 고객 이탈이 발생할 수 있다.

나는 고객 성공 매니저로 성공할래!

보통 이런 고객들은 사용량이 다른 고객에 비해 충분하지 않을 수 있다. 충분히 활용하지 못해 목표를 달성하지 못했을 가능성이 높기 때문에 고객 헬스 체크 시 이런 고객이 발견되면 즉시 고객에게 목표를 재확인시켜야 한다. 필요하다면 고객에게 솔루션 사용법을 재교육하고 아직 사용하지 않았던 추가 기능들을 안내하여 사용을 유도하는 것도 하나의 방법이다.

(2) 설치 및 구현과 실사용의 딜레이

온보딩 단계에서 제품 설치 및 구현이 늦어지는 경우가 있다. 보통은 CSM이 가이드해 주기 때문에 정해진 타임라인에 따라 진행되지만, 고객사에서 내부 계획의 변경 또는 다른 변수로 인해 제품 도입이 느려지기도 한다. 또는 솔루션 구현에 필요한 모든 과정을 진행했으나 정식 사용(Go—Live)을 하지 않는 경우도 종종 있다.

이런 경우, 고객의 현 상황에서 가장 빠르게 구현될 수 있는 파트를 사용하게 해서 작은 성과라도 나오게 하는 것이 좋다. CSM 쪽에서 사용 개시를 푸시하지 않으면, 프로젝트가 늦어지면서 결국 실사용을 하지 않아 구독료를 지불하지 않을 수 있기 때문이다. 그렇기 때문에 먼저 작게라도 사용을 시작할 수 있도록 푸시하고, 중간중간 고객 상황 체크를 통해 솔루션 사용 범위를 확대하도록 유도해야 한다.

(3) 솔루션의 메인 사용자 변경

고객사에서 제품을 제일 많이 이용하는 주요 사용자가 인사이동 또는 퇴사를 하게 되면 이 또한 큰 고객 이탈 요소다.

CSM은 메인 담당자와 가장 가까운 관계를 맺고 있다. 회사를 떠난다는 사실을 알게 되면 재빠르게 다음 메인 사용자를 소개받아 그에게 추가 교육을 제공하는 등, 관계를 형성해야 한다. 적어도 솔루션을 적극적으로 활용하는 챔피언 사용자는 한 명 이상 확보해 두어야 한다. 메인 사용자의 변경으로 더 이상 고객사에서 해당 솔루션 제품을 잘 활용할 수 있는 사람이 없어진다면, 계약기간이 끝났을 때 이탈 확률이 높아지니 주의해야 한다.

(4) 임원진 교체

비록 주 사용자는 아니더라도, 제품 도입에 큰 영향을 미쳤던 임원진, 팀장의 퇴사 혹은 인사이동은 고객 이탈의 위험 요소다. 새로운 임원진이 오면 과거 임원진이 냈던 성과보다 본인의 더 나은 성과를 위해 솔루션 또한 새롭게 도입하려고 할 수 있다. 이렇게 되면, 기존 솔루션을 해지하려는 움직임을 보이기도 한다.

나는 고객 성공 매니저로 성공할래!

이런 경우, 쉽지 않겠지만 새로운 임원진에게 담당 세일즈 매니저와 함께 회사 조직 소개, 제품 소개, 가치 제안, 추가 ROI를 위해 해야 할 것들과 같은 비즈니스 리뷰 미팅을 준비하고 솔루션을 어필하는 데 최선을 다해야 한다.

(5) 저조한 제품 사용량

고객 헬스 체크 시 한 고객사의 제품 사용률이 타 고객사 대비 현저히 적고 현재까지 사용하지 않는다면, 이는 매우 큰 이탈 신호이다. 고객이 사용하지 않는 이유를 CSM에게 설명했다고 해도 공유하기 어려운 내부 사정이 있는 경우가 많으므로 계속 의심하면서 제품을 활용하게 할 방법을 생각해야 한다. 실상은 타 경쟁 솔루션의 ROI를 확인하고 있을 수도 있고, 내부 예산 문제로 최대한 사용하지 않다가 성과가 나오지 않는다는 이유로 비용을 지불하지 않겠다고 하는 경우도 있기 때문이다.

사용량이 갑자기 줄고 납득할 만한 이유를 공유하지 않는다면, 숨겨진 목적이 있을 수 있기 때문에, CSM은 끈끈한 관계를 맺고 있는 주 사용자를 통해 최대한의 정보를 얻어 내야 한다. 고객의 비즈니스 상황을 정확히 이해하고 현재 필요한 것이 무엇인지 찾아서 제안하거나 ROI가 잘 나왔던 성공 케이스를 어필하는 등 다양한 전략을 준비한다.

(6) 회사의 인수합병

빈번하지는 않지만, 아예 발생하지 않는 일도 아니다. 제품을 잘 사용하던 고객사가 인수합병으로 솔루션 도입을 책임졌던 임원진이 교체되었을 때, 높은 확률로 솔루션 구독 또한 중지될 가능성이 있다.

 이 경우 담당자가 미리 상황을 공유해 주긴 하지만, 이런 상황은 고객 이탈이 예상되더라도 크게 할 수 있는 작업이나 전략이 없다. CSM이 할 수 있는 것은 내부 임원진에게 곧 Revenue에 타격이 있을 수도 있다는 내용을 빠르게 보고하는 것이다. 그렇게 되면 회사 측은 그에 맞춰 적절한 재무전략을 수립할 수 있다.

(7) 제품의 특정 기능 부재

UI가 편한 제품, 모바일 사용이 편리한 제품 등, 솔루션마다 제품의 강점이 존재한다. 우리 제품에는 없는 특이하거나 편리한 기능이 있는 경쟁사 제품이 있을 수 있다. 이렇다 보니, 경쟁사 제품에 고객사가 필요한 제품의 기능이 생긴 경우 할인을 요청하거나, 기능 개발을 요구하는 일이 발생한다.

 가격 할인은 충분한 이유 없이 CSM 마음대로 할 수 없는 부분이기 때문에 차라리 고객이 요청한 기능 개발 사안에 관해

숙고한다. CSM이 보기에도 기능 개발이 필수적이라고 판단할 경우, PM을 설득해서 고객 이탈을 막을 수 있다. PM은 정해진 기능 개발 로드맵이 있고, 한국뿐만 아니라 글로벌 고객들을 대상으로 필요한 기능을 준비하기 때문에, 단순한 요청만으로 제안을 받아들이지 않는다. 그렇기 때문에, 요청한 기능이 꼭 필요한 이유를 논리적으로 설득하거나 해당 고객의 계약 유지에 중대한 사안이라는 것을 납득시켜 관련 사안을 개발 파이프라인에 추가할 수 있도록 준비해야 한다.

(8) 잘못된 타깃에게 판매 혹은 과장 판매

앞서 말한 바와 같이, 세일즈 팀에서 ROI를 기대할 수 없는 잘못된 타깃에게 제품을 팔았을 때, 고객사의 구매 결정권자가 세일즈와 아무리 끈끈한 관계라고 해도 1, 2년 이상의 구독 유지를 기대하기 어렵다. 또는 과장 판매로 인해 고객이 기대하는 결과가 제품을 통해 달성 불가능한 경우, 고객 이탈이 쉽고 CSM이 고객의 컴플레인을 적절히 받아낼 수 있는 방법이 따로 없다.

따라서 이런 사례가 발생하지 않도록 사전에 내부 임원진 및 세일즈 팀에게 이런 방식의 제품 판매는 지양해 달라고 명확히 설명해야 한다.

(9) 고객과 맞지 않는 성격

정말 드문 경우이긴 하나, CSM과 솔루션 주 사용자의 성격이 맞지 않아 구독 중지를 원하는 경우도 있다. CSM도 사람이기 때문에 언제나 고객과 잘 맞을 수는 없다.

이럴 때는 고객을 계속 붙잡고 있다가 이탈하게 하는 것보다 내부적으로 할 수 있는 방법을 찾아보는 게 중요하다. 가장 좋은 방법은 CSM 팀장의 도움을 통해 다른 고객을 배정받고, 고객에게 들었던 부정적인 피드백 중 고칠 부분을 받아들여 고객에게 더 맞춰 갈 수 있는 방법을 고민해 보는 것이다. 여기서 가장 중요한 것은 고객과 성격이 잘 맞지 않아 고객이 우리 제품 사용에 만족하지 않는다는 징조를 알면서 모른 척하지 않는 것이다. 딜레이가 되면 될수록 남은 구독 기간 동안 두 사람 모두 힘들어지고 고객사 내에서 기업의 이미지가 나빠진다. 그렇기 때문에 CSM을 최대한 빨리 변경하여 남은 구독 기간 동안 고객과 끈끈한 관계를 쌓는 것이 더 낫다.

나는 고객 성공 매니저로 성공할래!

2. CSM은 고객 전문가

CSM은 고객의 비즈니스와 담당 고객에 대해 가장 잘 이해하고 있어야 한다. 따라서 누군가 다음과 같은 질문을 했을 때 CSM은 바로 답변할 수 있어야 한다.

— 고객사의 솔루션 도입 목적 및 대상 고객이 누구인지
— 고객사의 운영 방식 및 누가 임원진에 포함되어 있는지
— 고객사의 전략이 어떻게 구성되고 실행되는지
— 고객사의 프로젝트 결과를 가져올 수 있는 능력이 있는지

고객사 비즈니스의 전략, 전술, 목표, 목적 등이 계속 변하기 때문에 고객에 대한 꾸준한 정보 수집이 필수적이다. 한 가지 예시로 같은 제품 카테고리의 국내 대형 이커머스 회사 두 곳을 동시에 담당하더라도 한 곳은 최근에 투자를 받아 솔루션을 확장하고 여러 가지를 시도를 할 수 있고 다른 한 곳은 예산 부족으로 리뉴얼을 해도 솔루션의 가격을 그대로 유지하고자 하는 경우도 있었다.

그럼 고객에 대한 정보를 얻을 수 있는 소스에는 어떤 것이 있을까?

(1) 고객 정보를 얻을 수 있는 소스

우리 회사 내부에서 얻기

CRM 시스템에 저장된 내용: 보통 세일즈 팀이 고객과 나눈 미팅 요약본, 메일 대화 내역 히스토리 등은 회사에서 사용하는 고객관리 시스템(세일즈포스, 슈가CRM 등등 사용 프로그램은 회사마다 상이함)에서 확인 가능하다. 보통 담당 세일즈 매니저, 어카운트 매니저가 계약이 마무리되면 인수인계를 해 주지만, 혹시 놓치거나 추가로 얻을 수 있는 내용이 있을 수도 있으니 CRM 시스템에서 과거 히스토리 및 고객 정보들을 꼼꼼히 읽어 보는 게 도움이 된다.

세일즈 단계에 참여한 다른 팀원들(솔루션 엔지니어, 기술 팀원, 제품 컨설턴트 등등): 프로젝트 규모가 클수록 제품 구매 이전에 영업 팀, 제품 개발 팀, 개발 컨설턴트들과 어떤 목적으로, 어떤 결과를 얻고 싶은지, 그리고 그것이 실현 가능한 것인지 상의했을 것이다. 관련된 사람들에게 무슨 미팅을 참석했고, 참여한 고객의 성향, 프로젝트 진행 시 특히 주의할 부분이 있었는지 등을 물어보며 프로젝트 시작 전 미리 정보를 얻는다.

고객에게 얻어 내기

이해관계자들과 프로젝트를 진행하며 가까워진 뒤 팀원들에게는 팀장이, 팀장에게는 임원진이, 이 프로젝트를 통해 어떤 결과를 원하는지, 또는 현재 어떤 사업에 집중하고 있는지 등을 물어보고, 중요한 정보들을 얻을 수 있다.

인터넷 검색

가장 마지막으로 확인하면 좋은 정보 소스는 인터넷이다. 상장된 기업들의 경우, 연례 보고서, 분기별 손익 공시, 투자자 프레젠테이션 등과 같이 공개된 서류에서 기업의 재무 상태, 전략적 계획, 그리고 주목해야 할 분야를 파악할 수 있다. 그뿐만 아니라, 인터넷상의 여러 가지의 분석 보고서나 뉴스 기사를 보고 시장동향, 경쟁 위치, 산업 영향 등을 파악할 수 있다. 이를 참고하여 고객에게 우리 제품이 어떻게 기여할 수 있는지 강조하거나, 전략적인 조언을 제공하기 위한 아이디어를 얻을 수 있다.

그리고 프로젝트 진행 시 CSM이 고객과 관련해 반드시 정리해 놓아야 할 정보는 다음과 같다.

(2) 고객 관련 정리해 놓아야 할 정보

고객 상세 정보

고객이 구매한 제품의 가격 규모, 이해관계자의 인원, 구매한 솔루션, 경쟁사 대신 우리 회사 제품을 선택한 이유, 고객의 비전, 미션, 목표, 전략, 현재 겪고 있는 불편함 및 기회, 고객이 구매한 제품 및 서비스가 비즈니스에 어떤 기능을 할 것인지 등에 관해 기본적인 정보를 모으고 문서화해야 한다.

목표 및 계획

고객이 솔루션을 통해 언제까지, 무엇을 달성하고 싶다는 목표를 프로젝트 시작 전에 공유했다면 그 내용을 기록하고, 그대로 진행하면 된다. 그러나 명확한 목표가 없는 경우, 수치화된 목표가 지정돼 있지 않다는 것을 반드시 기록해 두어야 한다. 추후 고객이 이탈을 원할 때, 목표가 달성되지 않았다며 이 이유로 핑계를 댄다면 그 기록이 근거 자료로 활용될 수 있고 진정으로 이탈하려는 사유가 무엇인지 파악할 수도 있다.

이해관계자들에 대한 정보

각 이해관계자들의 타이틀, 직함, 책임, 직무, 그들의 보고 대상자, 프로젝트에 대한 태도, 조직도를 알아야 한다.

3. CSM은 프로젝트 매니저

고객과 CSM은 수요자와 공급자의 관계지만, CSM은 프로젝트 진행에 주시하며 진행 상황을 면밀히 파악한다. 또, 적절한 가이드와 활용할 만한 성공 사례 예시들을 공유하는 역할을 한다.

세일즈 단계에서 단순히 '우리 제품이 좋다'는 방식으로 접근했다면 CSM은 고객에게 목표가 무엇인지, 툴을 이용해서 어떤 방식으로 도움을 줄 수 있는지 등, 다양한 논의를 통해 고객과 공동의 목표를 최선의 방법으로 구현할 수 있도록 노력한다. 즉, 고객사의 파트너이자 프로젝트 매니저로서의 역할을 수행하는 것이다.

그렇기 때문에 CSM은 프로젝트 관리의 기본이 되는 단계별 계획인 개발 단계, 구현 준비, 인력 관리, 작업 일정 관리, 위험 처리, 변화 처리, 활동 측정 등을 수행할 수 있어야 한다.

고객이 솔루션을 구매했다면 CSM은 기본적인 안내만 하고 나머지는 고객 스스로 적용 및 활용해야 하는 게 아닐까? 왜 CSM이 프로젝트 매니저 같은 역할을 하는가? 이런 의문이 들 수도 있다. 실제로 솔루션은 음식을 주문해서 받을 때처럼 완성품의 형태로 나오는 게 아니라 고객사에 맞게 구현해서 사용하는 것이므로 가치가 바로 눈앞에 나타나기가 어렵다. 그렇지만, 구독형 서비스인 만큼 고객은 적당한 기간 내에 솔루션을 통한 성과가 나오길 바란다. 만약 고객사에서 누가 어떻게 책임지고 진행할지를 결정하지 못해 이 담당자, 저 담당자에게 미루면 예상치 못한 이유나 다른 요인으로 시간이 지체되면서 고객이 원하는 결과가 나오지 못할 가능성이 매우 높아진다. 그렇게 되면 재계약은 이루어질 수가 없다. 고객이 제품을 구매하고 빠른 시간 내에 원하는 목표를 달성할 수 있도록 CSM의 도움이 필요하다. 특히 제품을 구현해 보는 온보딩 단계와 활용 단계에서 CSM이 프로젝트의 진행을 원활히 돕는 것이 중요하다.

(1) 고객 온보딩(Onboarding) 단계

일반적으로 '온보딩 기간'이라고 하면 회사에 입사 시, 신입 직원이 회사에 적응할 수 있도록 업무에 필요한 지식을 설명하고 교육하는 기간을 뜻한다.

구독형 서비스를 채택한 비즈니스에서도 이와 유사한 개념으로 사용하고 있다. 고객 온보딩을 통해 신규 고객이 제품의 기능과 이점을 이해하고, 서비스를 잘 활용할 수 있도록 제품 사용 시작을 돕는 기간을 말한다. 신규 입사자 온보딩이 어느 팀에, 어느 직급이냐에 따라 진행 방식의 차이가 있듯이, 고객 온보딩 또한 그들이 구매한 솔루션의 복잡성, 담당자의 경험치, 제품 활용 계획에 따라 더 복잡해질 수도, 간단해질 수도 있다.

온보딩이 잘 이루어지면 다음과 같은 결과를 불러온다.

(1) 고객에게 전달할 수 있는 가치의 증가 — 애초에 고객이 100% 스스로 혼자 하는 것이 아닌, CSM의 가이드에 따라 진행한다면 그다음부터 스스로 다양하게 활용할 수 있고 시간과 노력이 절약된다.

(2) 결과가 나오는 시간 단축 — CSM의 능숙한 온보딩 서포트로 시작 일자가 앞당겨지면 더 빨리 성과를 기대할 수 있게 되고 구독형 서비스 특성상 지불하는 비용이 고정적이므로 고객의 입장에서 동일 비용 대비 이익이 늘어난 것과 마찬가지이다.

(3) 고객의 이해관계자와 가까워져 성향 파악이 가능.

기본적인 온보딩 프로세스는 다음과 같다.

우선 CSM과 고객의 첫 만남은 주로 프로젝트 킥오프 미팅(kick off meeting) 때 이루어진다. 고객은 CSM에게 어떤 것을 기대할 수 있는지 이해하고, 필요한 자료들을 받아 프로젝트를 무리 없이 시작할 수 있다. 한편, CSM의 입장에서는 킥오프 미팅으로 고객사의 니즈에 대해 더 디테일하게 이해할 수 있다. CSM은 프로젝트 이해관계자들의 소개 및 역할 안내, 서비스 연동 및 구현에 대해 전체적인 방법을 설명하는 프레젠테이션, 데모 예시, 프로젝트의 예상 소요 기간을 산정한 WBS(Work breakdown structure) 자료를 기본적으로 준비한다. 그리고 고객사의 이해관계자들이 WBS와 예상 시작 날짜에 대해 동의하는지, 프로젝트 진행 시 어느 팀의 어떤 부분이 영향을 받게 되고, 어떤 것을 준비해야 하는지에 대해 명확히 해야 한다. 킥오프 미팅이 끝난 후 미팅 자료 및 고객과 확인된 내용들을 반드시 메일로 고객에게 전달한다.

이후 정식 타임라인 순으로 프로젝트가 시작되었을 때 고객사의 이해관계자들에게 진행 상황을 이메일 등으로 공유해야 한다. 추후 프로젝트 딜레이의 원인에 대해 다시 미팅을 진행해야 할 수도 있기 때문에 온보딩 과정 중 딜레이나 활동 내용, 결과 등은 문서화해 공유하는 것이 안전하다.

프로젝트 타임라인에 따라 모든 설치 및 구현 단계 과정을 마쳤다면 CSM은 고객에게 트레이닝을 제공한다. 솔루션 사용법 트레이닝, 즉 교육은 고객들의 온보딩, 활용, 목표 도달에 있어서 중요한 역할을 한다. 대부분의 SaaS 회사들은 사용법 가이드 자료가 있겠지만, 단지 그

비디오 가이드를 전달하는 것보다 CSM이 직접 클릭해 가며 예시와 함께 상황별 적용 방법을 제안하는 것이 더 효과적이다. 어떤 CSM은 트레이닝을 진행할 때, 번거롭다는 이유로 기본적인 기능만 간략하게 소개하는데, 초기에 트레이닝 작업을 제대로 진행하면 고객에게 질문이 덜 들어오게 된다. 결과적으로 시간을 절약할 수 있게 되고 고객 서포트에 있어서 더욱 효율적이다.

사용법 트레이닝 세션에 실무자뿐만 아니라 팀장과 같은 이해관계자들까지 참석할 수 있다. 특히 팀장 또는 상급 관리자들 입장에서 기본적인 제품 소개 외에 디테일한 사용 방법을 들으면 프로젝트에 대해 어필할 수 있는 포인트를 확인하게 되거나, 타 부서와 협업 필요 여부 등을 이해할 수 있기 때문에 긍정적인 결과를 가져온다.

(2) 제품 활용 단계

연동이 마무리된 후 활용 단계에서는 테스트 및 성과 측정, 보고 및 내부 계획 변경 사항에 대해 CSM과 교류하며 고객이 다양하게 서비스를 활용한다. CSM이 소개한 제품 활용을 통한 성공 사례를 참고하여 업무에 적용해 본다. 목표 달성에 대해 고민이나 제품 응용에 궁금증이 생긴다면 CSM의 설명을 참고한다.

☑ 참고

고객사의 제품 담당자가 솔루션 활용 담당자라는 확실한 업무 배정이 있을수록 제품 활용에 성공할 확률이 높아진다. 본인이 진행하는 업무와 솔루션의 활용이 전혀 상관이 없을 경우, 부가적으로 쏟는 업무라고 생각하거나 다른 사람의 업무를 대신한다고 생각하여 활용 확률이 떨어진다. 따라서 제품을 통해서 실질적으로 본인의 업무에 도움이 되는 담당자가 제품을 더 다양하고 기발하게 활용할 수 있게 된다.

나는 고객 성공 매니저로 성공할래!

4. 고객 컴플레인에 대처하는 법

제품과 CSM이 아무리 독보적으로 뛰어나도 고객의 컴플레인은 피할 수 없다. 컴플레인은 단순히 제품 버그 문제뿐만 아니라, 기술 지원상의 불만족스러운 답변, 본사를 통한 승인의 딜레이, 제품 업데이트에 관한 불만 등 여러 가지가 있을 수 있기 때문에 어느 회사에 있더라도 겪을 수밖에 없는 불편한 상황이다. 그러나 이런 고객 컴플레인은 앞에 면접 준비 예시 중 실패 경험 일화에서 소개했듯이 오히려 회사 성장의 기회가 될 수 있다.

컴플레인 상황에서 기본적인 CSM의 대처 방안 3가지는 다음과 같다.

(1) 잘 듣고 공감하기

컴플레인 상황에서 우리는 먼저 고객에게 공감해야 한다. 고객의 컴플레인은 개인적으로 화가 나서 나에게 공격하는 것이 아니라 그들이 처한 상황에 화가 난 것이니 대응할 때, 절대 흥분해서는 안 된다. 충분히 고객의 입장을 이해하고 그들의 말에 귀를 기울여야 한다. 진심으로 고객을 이해하고 공감한다면, 담당자도 또한 그것을 느끼고 대화할

여지를 남겨 둔다.

공감의 기본은 듣는 과정에서 문제 발생으로 인한 고객의 고민에 가장 집중하고 진심 어린 사과를 표현하는 것이다. 이런 대화는 잘잘못을 가리고 다투기 위함이 아니라 담당자와 문제의 원인을 파악하고 해결하기 위한 것이다. 이 점을 명심하고 고객에게 해결하고자 하는 의지를 보여 주어 상황을 조금씩 풀어 나가야 한다.

(2) 문제 해결하기

고객의 상황을 전달받았다면, 이제 빠르게 문제를 해결해야 한다. 먼저 해당 문제의 근본 원인을 파악하고, 관련 팀이나 부서와 함께 해결 방안을 논의한 뒤, 적절한 해결책을 도출한다. 추후에 이와 같은 문제가 재발하지 않도록 계획하고 실행안까지 준비해야 한다. 또한, 진행 상황에 업데이트가 있을 때마다 고객과 공유하는 것은 매우 중요하다. 진행 상황의 진척이 크지 않더라도 현재 어떤 것들이 진행되고 있고 작업의 결과가 언제까지 나올 것인지에 대해 꾸준히 공유하면 우리가 관련 문제를 진지하게 다루고 있다는 인상을 주어 고객의 신뢰를 얻을 수 있게 된다.

귀찮다거나 상황이 크게 진전되지 않았다고 해서 침묵을 유지하거나 고객이 먼저 현재 진행 상황에 대해 묻지 않게 하자. 고객이 먼저 연락해 온 상황이라면, 이미 담당자는 답답함에 화가 나 있거나, 다른 사람으로부터 우리 측에 상황을 업데이트해 오라고 요청 받은 상황이니 그 전에 자주 상황을 공유해야 한다. 또한 이런 상황 공유 과정에서 지킬 수 있는 약속과 기대치를 설정해야 한다. 고객에게 문제를 어떻게 해결할 것이며, 언제까지 해결할 수 있을 것인지, 지킬 수 있는 확실한 내용을 전달해야 고객과의 긍정적인 관계를 다시 회복할 수 있다.

(3) 발전할 수 있는 부분 정리하기

해당 이슈가 종결되었다면, CSM으로서 다시 한번 상황을 돌아보는 것이 좋다. 내가 다시 비슷한 상황에 처한다면, 이번과 동일한 접근 방식을 선택해야 할까? 사전에 이런 상황을 발견할 수 있었던 힌트는 없었나? 스스로 고민해 봐야 한다. 이런 경험들은 CSM으로서 성장하고 앞으로 고객 컴플레인을 효과적으로 다루는 통찰력을 기르는 데 있어서 큰 도움이 된다. 스트레스 받는다고 단순히 이 사건들을 잊어버리지 말자. 무엇보다 고객 컴플레인 상황과 이 대처 방법은 CSM 면접 단골 질문이기 때문에, 내가 성공적으로 해결한 컴플레인 경험을 잘 만들고 면접 때 어필하도록 하자.

나아가 고객과 라포를 형성하는 것은 고객 컴플레인 관리 및 상황 파악에 매우 유용하다. 물론, 고객과 라포를 형성했다고 해서 고객이 컴플레인을 못 하거나 문제가 없던 일로 되는 것은 아니다. 그러나 이러한 관계가 도움이 되는 이유는 다음과 같다.

첫째, 고객이 우리가 최선을 다해 노력하고 있다는 것을 이해해 준다. 관계 형성이 전혀 되지 않은 고객보다 관계를 형성해 둔 고객이 우리가 진심으로 사과를 하고 현재 문제 해결을 위해 여러 팀들이 노력하고 있다는 내용을 믿어 주고 최대한 이해해 주려고 한다. 더불어, 우리에게 현재 이슈 해결 외에 추가적으로 바라는 것이라든가, 현재 고객사 내부의 상황 등을 더 자세히 공유해 주기 때문에 컴플레인을 해결하는 데 큰 도움이 된다. 이를 통해 회사 내부에 문제의 심각성을 잘 전달할 수 있어 앞으로의 비슷한 이슈를 방지하는 데도 도움이 된다.

둘째, 해당 문제가 계약에 중대한 차질을 일으킬 정도라면, 고객과 라포가 이미 형성된 경우, 고객은 내부 보고 상태와 함께 상황을 타개할 수 있는 아이디어를 주기도 한다. 실무 담당자 입장에서 우리 회사의 CSM의 이슈 해결 방식에 따라 회사의 해당 솔루션은 더 이상 사용하면 안 된다고 판단할지, 또는 현재 사용하는 솔루션 대신 새로운 솔루션을 도입해 적응하는 것도 쉬운 일은 아니니 평소에 서포트를 잘해 주고 관계를 잘 쌓아 둔 회사의 제품을 유지하고자 할지, 미리 파악할 수 있다.

고객과의 관계 형성은 CSM의 기본 사항이지만 특히 이러한 상황에도 큰 도움이 되기 때문에, 고객과의 관계를 평소에 단단하게 유지하는 것이 매우 중요하다.

　나는 고객 성공 매니저로 성공할래!

5. 고객 헬스 체크 방법

구독형 비즈니스 모델에서 수익이 발생하려면:

1) 신규 고객 유입

2) 높은 고객 보유 비율(Retention)

3) 업셀, 크로스셀

이 세 가지 조건을 갖추어야 한다.

따라서 기업들은 CSM 팀을 도입하여 고객에게 가치를 제공하여 높은 고객 보유 비율을 유지하고자 한다.

CSM은 높은 고객 보유 비율을 위해 매주 정기적인 고객 헬스 체크를 진행해야 한다. 이번 파트에서는 CSM의 주 업무 중 하나인 '고객 헬스 체크'에 대해서 자세히 다루고자 한다.

고객 헬스 체크는 회사들마다, CSM마다 다양한 지표를 사용하여 계산한다. 헬스 스코어가 낮은 고객들의 경우, 어떻게 점수를 끌어올릴 수 있을지 고민해야 한다. 다음에 나오는 내용들은 일반적으로 고객 이탈에 영향을 줄 수 있는 요소들, 즉 헬스 체크 시 확인해야 할 항목들이다.

(1) 고객 제품 사용 현황 확인

각 회사마다 판매하는 제품에 따라 다르겠지만, CSM은 고객들의 접속 내역을 확인해 고객사가 제품을 주와 월 단위를 기준으로 최소 사용 횟수를 채웠는지 확인한다. 한 회사가 제품을 여러 개를 구매한 경우, 그 모든 제품들이 다 잘 활용되고 있는지, 한두 개의 제품만 활용하고 나머지 제품은 연동이 딜레이되거나, 사용 시작을 미루고 있는지도 체크해야 한다.

또한 제품의 각 기능별 사용 현황도 점검한다. 고객이 도입한 주요 목적 외에도 제품 자체에 여러 가지 기능이 있는데, 여전히 1~2개의 기능만 활용하고 있는지, 아니면 다양하게 쓰고 있는지 확인한다. 또, 긴 기간 동안 한두 가지의 기능만 사용하고 있다면 다른 기능의 활용 방법을 기억하지 못하는 경우일 수도 있기 때문에 비즈니스 미팅 시 추가로 트레이닝 및 성공 케이스를 소개한다.

제품 사용률의 변화 추이를 체크한다. 사용률이 저조했던 고객이 있다면, 꾸준히 저조했던 것인지 아니면 지난달 대비 이번 달의 활용률이 얼마나 늘었는지 추적한다.

고객이 상부 보고 시 솔루션의 결과와 데이터가 얼마나 활용되었는지 또한 중요하다. 제품을 활용한 구체적인 사례나 데이터 내용이 상부 보고에 꾸준히 포함돼 있다면 제품 활용에 관심을 가지고 지켜보고 있는 것이며, 제품을 통해 긍정적인 퍼포먼스가 나올수록 고객이 유지될 확률이 높다.

(2) 사용자의 피드백

주 사용자의 NPS 점수와 피드백 또한 헬스 체크 시 중요 요소다. NPS 점수를 통해 현재 고객이 중립 상태에 있는지, 충성 고객 상태인지, 이탈 가능성이 있는 상태인지를 참고한다. 정기적으로 고객에게 우리 서비스에 대한 피드백을 요청할 수 있고, 또는 신기능이 론칭되었을 때 이를 빌어서 테스트를 요청하고 전체적인 피드백을 받아 볼 수 있다.

(3) 고객과의 커뮤니케이션

주기적인 제품의 헬스 체크 시 가장 중요한 것은 서포트 티켓 개수다. 정확히 말하면 헬스 체크 주기 동안 총 고객에게 들어온 티켓 수 대비 해결되지 않은 티켓 수를 볼 때, 그 비율이 높거나, 긴 기간 동안 해결되지 않은 티켓이 있다면 좋지 않은 신호로 봐야 한다.

고객과의 연락 빈도 또한 중요하다. 좋은 고객이라면 적당한 수치로 꾸준히 연락이 유지되지만, 연락이 없거나 지나치게 조용한 고객, 컴플레인이 많아 하루에도 몇 번씩 연락하는 고객들은 예의 주시해야 한다.

CSM의 주관적인 의견도 고객 헬스 체크 시 중요하게 작용한다. CSM은 회사 내에서 고객과 가장 많이 커뮤니케이션한다. 그래서 CSM은 고객을 대할 때, 고객이 서비스에 대해 느끼고 있는 인상, 고객 관계에 위험할 만한 요소, 마케팅 행사의 참석 여부 등을 직접 느끼기 때문에 CSM의 주관적인 판단 또한 고객 헬스 체크에 중요한 포인트이다.

(4) 고객 재정 상태

밀린 인보이스: 고객의 지불이 밀리기 시작했다면, 재정적인 문제로 인한 고객 이탈의 신호일 수도 있고, 고객이 서비스에 불만족해 의도적으로 비용 지불을 지연시킨 것일 수도 있다. 단순히 비용 지불 처리 오류로 치부하기에는 다른 가능성도 있을 수 있기 때문에 고객 헬스 체크 시 인보이스 지불 여부도 확인해야 한다.

고객과 리셀러 간의 비용 문제: 많은 해외 IT 기업들이 국내에 세일즈 팀을 보유하는 경우도 있지만, 국내 총판이나 리셀러를 통해 대신 제품을 판매하고 판매 금액의 일정 부분을 수수료로 지급하는 방식도 있다. 중간 거래 업체를 통해 간접계약을 하고, 고객이 사용료를 지불하는 부분에 있어 문제가 생기지 않도록 CSM은 주의를 기울여야 한다.

위와 같은 포인트들을 확인하면 고객 이탈(Churn)을 미리 감지할 수 있다. 설령 고객이 아무런 말 없이 이탈했더라도, 이 요소들을 점검해 그들의 이탈 이유를 찾아낼 수 있다. 원인 분석을 통해 이탈률을 줄이면, 전체적인 고객만족도도 높일 수 있다.

6. CSM, 이 다섯 가지에 주의하자!

CSM이 언제나 고객 성공을 위해 노력하지만, 고객 성공은 정확한 CSM의 업무 범위 내에서만 비롯되는 것이 아니기 때문에 CSM으로서 버텨 내고 성장하기 위해 주의해야 할 5가지가 있다.

(1) 고객 대신 모든 일을 다 해 주는 행동

일을 하다 보면, 고객이 인력 부족 또는 시간 부족이란 핑계로 직접 제품 솔루션을 사용하지 않고, CSM에게 대신 해 달라고 부탁하다가 나중에는 아예 진행해 달라고 요구하는 고객들을 만날 수 있다. CSM의 업무는 고객의 업무를 대신해 주는 사람이 아니라, 제품을 최대한 효과적으로 활용할 수 있게 도와주는 사람이다. 예를 들어, 제품을 이용해 데이터를 추출하는 법을 설명했으나, 고객이 바쁘다는 이유로 데이터를 대신 뽑아 달라고 전화 또는 메시지를 남기는 경우가 있다. 이런 경우 처음에는 자료를 뽑아 주더라도 다음에는 고객이 스스로 자료를 추출할 수 있도록 트레이닝 스케줄을 잡는 등의 방법들을 생각해 내야 한다. CSM은 고객이 원하는 가치를 얻을 수 있도록 서포트해 주는 역할이며, '실현'은 고객의 몫이다. CSM은 배정된 고객이 많거나, 까다로운 고객을 담당하거나, 총 지불 금액이 높은 고객들을 담당하는 CSM일수록 인정받기 때문에, 이런 업무에 대부분의 시간을 보내면 안 되고, 시간을 효율적으로 사용해야 한다.

(2) 최신 업계 동향과 시장 지식에 대해 공부하는 습관

고객을 깊이 이해하고, 동일한 주제로 고객과 유익한 대화를 나누기 위해서는 최신 업계 동향, 시장 지식을 습득해야 한다. 대부분의 CSM은 고객지원 업무만으로도 하루가 부족하며 제품의 지속적인 업데이트 내용 숙지 및 각 비즈니스 미팅 준비와 같은 추가적인 업무들이 많기 때문에 공부할 시간을 찾기 힘들다. 그러나 궁극적으로 업계 동향 및 시장 지식을 습득하면, 고객이 직면한 변화를 빨리 눈치챌 수 있고 현재 시장의 유효한 전략 등을 통해 더 효과적으로 고객지원 및 성공을 도울 수 있다. 또한 고객의 요구 사항이 어떻게 변할지 예측하고 대비할 수 있기 때문에 더 시간을 효율적으로 쓸 수 있다. 예를 들어, 제품이 고객사들의 앱에서 작동하는 솔루션이고 개인정보들을 활용한 마케팅 툴일 경우, 애플의 개인정보 정책 변화와 같은 중요한 사항은 비즈니스에 어떤 변화를 불러올지, 우리 제품에 이 변화를 어떻게 활용할 수 있을지 등과 관련해 고객과 대화를 나눔으로써 고객 응대 시간을 단축시키고 신뢰를 구축할 수 있다. 이런 내용을 이해하거나 따라가는 것이 어려운 신입 CSM은 고객이나 내부 팀원들과 적극적으로 교류하여 많이 듣고 이해하도록 노력해야 한다. 아무리 바쁘더라도, CSM들은 주기적으로 관련 뉴스 소식이나 업계 동향 등을 공부를 하는 데 신경을 써야 한다.

(3) 테크니컬 이슈보다 고객 성공에 집중하기

CSM은 담당 고객의 주요 연락 창구로 고객지원 업무 또한 대부분 진행하고 있기 때문에, 여러 테크니컬 이슈들도 개발 지원 팀과 협력하여 해결하는 업무를 담당하게 된다. 그러나 복잡한 개발 이슈 같은 경우, 비개발자이기 때문에 내용을 이해하는 데 그리고 커뮤니케이션을 이어 가는 데 많은 시간이 소요된다. 이런 상황에서는 개발 지원 팀이 해결하도록 문제를 넘겨야 한다. CSM이 가운데서 소통을 담당하며 최선을 다해 해결해도 결론적으로 나중에 재계약을 논의 시, CSM이 가져갈 수 있는 내용은 제한적이다. 고객과 비즈니스 결과에 대해서 대화를 나눈 시간이 상대적으로 적을뿐더러, 의사 결정권자는 개발 팀 논의 사항의 원인과 결과만 알고 있을 뿐, CSM이 나서서 이슈를 해결한 것인지 알지 못한다. 그렇기 때문에 CSM은 본연의 업무인 고객의 성공을 촉진하고 고객과의 관계를 관리하는 것에 집중해야 한다.

(4) 내부 보고에 효율적으로 시간 쓰기

CSM이 임원진에게 고객의 상태를 보고할 때, 회사마다 원하는 방식이 다르다. 예를 들어, 어떤 회사는 주에 한 번 정도 어떤 일이 있었고, Churn/up—sell 등의 변화에 대한 중요한 부분만 요약해서 듣고 싶어 하는 반면, 다른 회사는 고객이랑 나눈 모든 전화, 이메일, 고객 질문, 등, 자세히 보고 받기를 원하는 회사도 있다. 그러나 고객관리가 CSM 의 핵심적인 역할이므로, 지나치게 많은 시간을 내부 보고에 투자하면 업무 효율성이 감소하고, 고객에게 더 나은 지원을 제공하기가 어려워 진다. 내부 보고가 필요한 경우, 효율적인 보고 툴을 이용하여 문서화 해 두고, 실제 보고 시, 임원진이 반드시 알아야 하는 내용만 선별적으로 공유하도록 한다. 고객 이탈이 가까운 상황에는 고객 사용 데이터, 만족도, 이슈 사항, 성과 등 관련된 상세한 정보들을 보고하는 것이 좋으며, 그렇지 않은 경우에 한해서는 간결한 정보만 보고하는 것이 시간을 절약하고 임원진의 의사결정에 도움이 될 것이다.

(5) 성공 사례 프레임워크, 템플릿 등의 자원 공유하기

CSM은 고객이 원하는 목표 달성을 도와 고객 유지율을 향상시켜야 한다. 그렇기 때문에, CSM은 고객 성공을 위해서 많은 성공 사례와 활용 방법을 숙지하고 있어야 한다. 한 회사에서 경력이 오래된 CSM일수록 여러 고객을 만났기 때문에 다양한 활용 방법을 알고 있지만, 그렇지 못한 CSM들은 참고할 수 있는 자료가 적어서 활용 방법을 충분히 알 수 없다. 이렇기 때문에 CSM들끼리의 적극적인 교류가 필요하고, 서로 공유할 수 있는 자원이 많아져야 한다. 적어도 공유 폴더에

CSM이 자발적으로 알게 된 정보들과 성공 사례를 업로드하여 공유하면 연차에 상관없이 고객에게 최고의 활용 방안 등을 제공할 수 있을 것이다.

● 글을 마치며

[2022년 Q3 CSM 황주현 OKR 평가 자료 발췌]

— Good coordination and relationship with Accounts' PIC. Able to establish trust.

— Strong at following up with internal teams (Technical Consultants, Technical Support, Product Manager) on key client issues and/or feature requests, and also able to manage clients' expectations around scope and ETA. Knows when to rope in right resources or escalate for priority and attention.

— Good understanding of product.

— Good communication and teamwork - Juhyun is a good team player, invests time to support others when needed, including non—CSM core tasks, like company wide engagement initiatives.

전체적인 피드백:

Juhyun serves as the most senior member in the KR CSM team and provides guidance towards ○○○ when faced with challenging circumstances. She also has helped mentor ○○○, easing her into the role of CSM team member. She has a highly positive working attitude, and seeks to find solutions to challenges, rather than merely highlighting/complaining about issues. She is also open to constructive feedback and proactive to provide updates to management on account status, as well as when any management support is needed.

CSM으로 근무하며 운이 좋게도 매 분기마다 좋은 평가를 받고, 한 회사에서는 최고의 고객 중심적인 직원으로 상을 받았습니다. 하지만 고작 만 5년의 경력이라, 저는 아직도 발전해야 할 부분이 많고, 여전히 더 많은 제품과 고객을 만나 경험해야 한다는 것을 압니다.

그러나 초보가 왕초보를 가르친다는 말이 있는 것처럼, CSM이 직무를 널리 알리고, 이 직업을 관심 있게 생각하는 사람들에게는 흥미를 더 유발시키고 싶었습니다. CSM으로 일해 온 5년간 겪었던 다양한 경험이 면접 준비에서부터 고객 성공 측정 방법, 리뉴얼을 유지하는 방법 등까지 책을 통해 여러분들께 공유할 수 있게 되었습니다. 이 책을 통해 CSM이 어떤 역할을 하는지 이해하고, 국내에도 CSM이 많이 생겨

나는 고객 성공 매니저로 성공할래!

나길 바랍니다.

이 책을 읽으신 분들 중 현재 CSM으로 근무하고 계신 분들이 있으시다면 아직 CSM의 입지가 좁은 국내에서 성장을 위해 이 직무에 남아주시고 노력해 주셔서 감사하다는 말씀을 전하고 싶습니다.

처음 CSM에 도전하고 계신 분들이라면 저와 같이 호기심을 가지고, 계속 배우며, 열린 마음으로 피드백을 받아들였으면 좋겠습니다.

만약 이 책을 읽고 이제 CSM에 관심이 생겼거나 한번 도전해 보고 싶은 분들께, 새로운 도전을 성장의 기회로 삼고, 고객을 잃거나 프로젝트의 진행이 순탄하지 않더라도 실패를 두려워하지 않았으면 좋겠다는 말씀을 드리고 싶습니다.

《나는 고객 성공 매니저로 성공할래》이 책이 CSM으로 일하고 싶고, 구체적으로 어떻게 일해야 하는지 고민하는 사람들에게 현실적인 지침서가 되길 바라며 여러분이 고객 성공 매니저로 성공하시길 언제나 응원합니다!

본 도서는 2023년도 경기청년 갭이어 프로그램에
대한 참여 및 지원을 통하여 제작되었습니다.

나는
고객 성공 매니저로
성공할래!

© 황주현, 2024

초판 1쇄 발행 2024년 2월 21일

지은이   황주현
펴낸이   이기봉
편집   좋은땅 편집팀
펴낸곳   도서출판 좋은땅
주소   서울특별시 마포구 양화로12길 26 지월드빌딩 (서교동 395-7)
전화   02)374-8616~7
팩스   02)374-8614
이메일   gworldbook@naver.com
홈페이지   www.g-world.co.kr

ISBN   979-11-388-2787-4 (03320)